大學生生涯發展與規畫手冊

林清文　著

林清文

- 國立彰化師大教育博士,主修生涯輔導與諮商。
- 曾任國立僑生大學先修班講師兼學生輔導中心主任、國立彰化師大研究生與僑生生活輔導組組長、學生心理諮商與輔導中心主任、社區心理諮商及潛能發展中心主任,以及淡江大學、中國醫藥學院、國立台灣科技大學等校兼任輔導教師。
- 現任國立彰化師大輔導與諮商學系教授,主授:生涯發展與規畫、學校輔導工作實務、學習評量與諮商,以及測驗與統計等領域學科。

手冊說明

❧ 手冊編寫緣起 ❧

國內多數的實徵調查研究（金樹人、林清山、田秀蘭，民78；林清文，民83）普遍指出，有相當多數的大學生生涯探索不足，迄無明確的生涯發展目標，而備感茫然、徬徨，甚至不利其專業知能的學習。大學生生涯探索不足，缺乏生涯定向現象的普遍與嚴重，顯示大學教育內容亟應提供大學生更多生涯探索的機會，引導學生釐清生涯發展方向，建立明確可行的生涯發展目標。就此而言，大學校院學生輔導中心宜安排、提供更多系統性生涯探索活動，鼓勵學生參與。而各學系亦宜考慮增納「生涯規畫」或「生涯探索」課程，以引導大學生生涯探索，增進其生涯發展與適應。此外，透過方案活動的設計，讓大學生在班級課室活動、社團聯誼、團體聚會中，自行參酌方案活動設計說明，進行生涯探索活動，亦可增進大學生的生涯發展。

大學導師的角色功能普遍受到教育行政主管、學校職司部門，乃至社會輿論的重視與肯定。而「導師工作難為」的心聲也常在大學教師的言談中喟然發出。在班級學生輔導工作上，缺乏可運用的方案、材料，是大學導師普遍遭遇到的一項難題。在肯定與強化大學導師角色功能的政策方向下，開發更多的大學班級學生輔導方案、材料，並辦理相應的輔導知能研習活動，以供大學導師進行班級輔導之用，或可稍減「導師工作難為」，增進班級輔導成效，提升大學導師的角色認同。

「生涯發展與規畫」日益受到社會上「新新人類」的重視，而成為現代人的重要課題，儼然為大學教育的重要內涵。在此一時代趨勢

下，開發並提供更多的大學生生涯探索自助活動方案，應是輔導工作者共同的職責所在。

有鑑於是，筆者爰就目前任教大學，開授「生涯發展與規畫」之課程設計理念，整理單元活動內容，編成「大學生生涯發展與規畫手冊」，提供大學開設「生涯發展與規畫」相關課程教學，以及大學導師規畫與引導「班級活動」，或大學生自行從事生涯探索團體活動之參考。

——❦ 手冊的使用 ❦——

「大學生生涯發展與規畫手冊」單元活動方案的設計，主要在提供給大學開授「生涯發展與規畫」相關課程教學，或導師規畫、引導「班級活動」之參考。透過單元活動的進行，增進師生間的融洽互動，並幫助班級學生從事生涯探索與規畫，發展生涯輔導的功效。導師並可透過單元活動的進行和心得回饋資料中，深入了解班級個別學生的生涯目標，而給予適切的協助（例如協助學習意願低落者探討生涯目標，或了解其生涯不定的成因……等）。本手冊的設計具備整體的生涯規畫理念，詳見下頁表。

各單元的主要內容包括：「單元活動設計」、「單元技術指引與討論」。若干單元並穿插增錄「單元補充資料」及「大學心事」等段落。其中，「單元活動設計」為單元活動主體說明；「單元技術指引與討論」則為單元主題與活動進行的教師指引以及學術討論，適合課程規畫或授課者閱讀，以增進對單元主題活動目標的把握。「單元補充資料」為單元主題之相關資料附錄，可以提供大學生選讀；「大學心事」段落則摘錄大學生參與本手冊單元活動的課後心得，可協助讀者了解大學生生涯議題的思考。

主　　題	單元次	單元名稱	單元目標
方案介紹	第一單元	課程介紹	認識方案活動手冊
生涯覺察	第二單元	千江有水千江月	認識生涯發展與成人的生涯發展任務
	第三單元	生涯路上眾生相	認識生涯型態，檢視個人的生涯發展，引起生涯覺察
	第四單元	白雲出處從無例	引發生涯自主意識與責任
生涯規畫模式	第五單元	生涯規畫有頭緒	認識生涯規畫模式
自我探索	第六單元	輕沙走馬路無塵	探索個人生涯興趣
	第七單元	送還不識誰家物	探索個人風格型態
	第八單元	眾裡尋他千百度	探索個人生涯價值觀
	第九單元	晚簾疏處見分明	整合個人特質的探索，建立生涯期待，並找出暫定的生涯目標
教育與職業資料探索	第十單元	上窮碧落下黃泉	練習生涯資料探索活動，並認識生涯資料
環境探索	第十一單元	問渠那得清如許	認識個人與環境的關係，重估個人的生涯資源
生涯決策與計畫	第十二單元	且教梅花自主張	認識生涯決策過程，熟悉理性決策模式
	第十三單元	馬有千里之行	生涯計畫的再整理
回顧	第十四單元	江上數青峰	本課程的評鑑與檢討

　　手冊活動的進行可依預定的單元次第，依次進行。惟手冊中若干單元（如生涯覺察、自我探索、生涯決策練習等部分單元），亦可依

班級活動時間，以及參與學生的興趣，自成段落進行。

　　本手冊各單元活動除可在班級課室中進行外，亦可由二至四人（如寢室中的室友或社團中的組員等）組成一個活動小組，一起進行各單元活動，以發揮相互激盪、相互支持的效果，並可增加人際的相互認識，減低人際隔陌，有效促進人際關係。

　　就課程的設計上，有些生涯議題到更高的年級會有更清楚的思考，配合本手冊的內容，大學生生涯發展與規畫課程如果安排在大三或大四開授更能切合學生的需求。

——✿ 大學生生涯發展需求 ✿——

一、大學生生涯不確定現象的觀察

　　在分工精細、科技發達的多元社會中，工作不再只是個人尋求餬口和溫飽的手段，更是個人表現自我、發展自我的途徑。而職業的選擇亦因之成為一種複雜的歷程，以致許多青年學子在投身大學分科別系的專門訓練之際，仍然缺乏清楚、明確的生涯及職業發展方向，甚至對未來職業的選擇感到陌生和困難。以美國為例，相關的實徵研究結果顯示，約有 23% 到 32% 的十八歲青年學生仍不能確定自己的主修科系和生涯發展方向，顯示大學生缺乏生涯定向情形的普遍和嚴重，而大學生生涯不確定的現象亦普受美國輔導工作研究及實務人員的重視（Cooper, Fugua & Hartman, 1984）。

　　就國內的情形而言，由於社會上升學主義瀰漫，以及大學入學考試制度、科系本身性質與就業市場機會結構等因素的限制，大學生缺乏生涯發展定向的情形更為嚴重。早期，黃淑芬（民 71）對台灣大學及輔仁大學學生所做的研究，亦發現多數大學生的生涯目標仍停留在

延遲未定（moratorium）的狀態。

　　其後，金樹人博士將大學生生涯定向情形歸類爲五種型態：自主決定型、他主決定型、迷失方向型、探索性未定向型，和焦慮未定向型，進行大學生的實徵研究，發現國內大學生的生涯定向情形普遍處於迷失方向或未定向的型態。其中，僅有27%的大學生生涯定向明確而自主；17%的大學生以父母或他人的決定爲自己的生涯方向；有12%的大學生的生涯決定屬於延遲、逃避的迷失方向型，而有40%以上的大學生則處於生涯未定向的情形（金樹人、林清山、田秀蘭，民78），顯示我國當前大學生生涯不確定的情形仍然相當普遍。

　　就發展歷程的觀點而言，大學生正處於生涯發展的關鍵階段（Herr & Cramer,1984），必須面臨許多關乎未來發展的重大抉擇，如學業、職業、人生價值、婚姻等，亟待建立自我認同，做爲抉擇的依歸。其主要的生涯發展任務即在透過各種生涯探索活動，增進生涯覺知（career awareness），並逐漸釐清其生涯發展方向，以訂定具體的生涯計畫和準備。所謂生涯不確定（career indecision）即是指個人迄未選出或決定未來將從事何種職業活動，以做爲其生涯準備之不確定狀態。

　　生涯不確定狀態不但形成生涯發展遲滯，甚至進而亦將導致自我認定的危機（the crises of identity）。多數實徵研究結果即曾發現生涯不確定學生經常出現：焦慮、目標與興趣模糊不定、缺乏求學動機，和學生角色投注不足、學業成績偏低等現象和困擾。在學校適應方面，相關的研究亦發現已完成大學主科選擇的大一學生在學業適應、人際適應、情緒適應及學校向心力等方面均較佳於未完成主科選擇者，而對離校學生進行的追蹤研究，亦發現生涯不確定與其離校的理由有密切的關係（林清文，民83）。

　　筆者在某些大學校院學生輔導中心的實務經驗中即曾發現，若干生涯目標模糊的大學生，長期沈浸在前途茫茫的感慨之中，不但少有積極向學的行動，對校園生活的滿意度亦相對偏低。如此顯示生涯不確定的狀態不但影響學生的學習興趣和對學習角色的投注，進而更不

利其學校適應。

二、大學生的生涯探索與生涯定向

　　在自我發展理論方面，自美國心理學家 E. H. Erikson 提出「自我認定」（ego identity）一詞以說明青年期的發展危機（Erikson, 1968）之後，青年期的自我認定危機隨之受到學界的廣泛重視。基本上，自我認定的發展並不僅僅開始或結束於青年期，而是貫串個人由幼至老的終身歷程，且為各階段發展的基礎所在。自我認定在青年期之所以特別顯現其重要性，一方面是因為個人在青年期首次得以將早年的認同經驗加以累積、組織，透過個人與周遭環境的互動產生「人我分別」（differentiation）與「獨特單一」（uniqueness）的感覺，進而漸次形成其自我認定。另一方面，個人在青年期必須面臨許多關乎未來發展的重大抉擇，如主修科系、職業、人生價值、婚姻等，亟待建立自我認同，做為抉擇的依歸。個人如若對自我認識不清，缺乏自我認定，則可能流於停留在過去或沈迷於對未來的遐想，對當前的情境無以表現適應的行為，而產生角色混淆的現象。

　　Marcia（1980）採據 E. H. Erikson 心理社會（psycho-social）發展理論的觀點，依面對抉擇危機（crises）和專注定向（commitment）兩個向度，將青年的自我認定歸納為四種不同的型態，就生涯認定向度而言，四種自我認定型態的意涵分別為：

　㈠自主定向者（Identity Achievement -IA）身歷抉擇危機之後，漸次確定其生涯方向或職業目標。

　㈡提早定向者（Foreclosure -F）本身未曾面對抉擇危機，但在生涯方向或職業目標上，已接受父母或他人的安排而定型。

　㈢延遲未定者（Moratorium -M）面對個人的抉擇危機，正在尋求定向。

　㈣茫然失據者（Identity Diffusion -ID）面臨抉擇危機，因生涯方

向或職業目標模糊不定，而感到焦慮，甚或逃避抉擇。

　　其中，提早定向者（F），在社會的限制和父母的保護之下，面對生涯抉擇之際不致產生過高的焦慮，但在從事生涯準備或課業學習方面，仍然難免聽天由命、缺乏學習的興趣和動力；而延遲未定者（M）和茫然失據者（ID）在面臨生涯抉擇之際，缺乏目標定向，甚至可能倍感焦慮而徬徨不安，不利其課業學習和學校適應。Marcia（1980）的研究結果進一步肯定自我發展理論的觀點，顯示生涯確定的確是青年期主要而關鍵的發展任務之一；生涯決定的明確與否不但可能阻滯個人長期的發展，更立即影響其當前的生活調適。而其對於「提早定向者」（Foreclosure）的分類與探討，更可進一步說明生涯探索在大學生的生涯發展與規畫課題中的重要性。

　　在國內當前大學招生考試制度下，初入校門的大一嬌客之中，難免有許多未曾認真面對抉擇危機，而已接受父母或他人的學系安排之提早定向者（Foreclosure），他們可能默默出現在校園或課室的角落，他們也可能為是否重考、轉系、休學、選讀輔系等問題，進退無據而苦惱。學校自然可以提供必要的教學活動，引導他們著手生涯探索。即便是已經確定主修學系的大學生，亦仍需要更多的生涯探索，以便在主修領域內外的生涯目標做更適切的選擇。

三、大學生的生涯發展任務

　　D. Super 等人（Super & Overstreet, 1960）根據生涯型態研究（Career Pattern Study -CPS）的發現，並參照 Buelher 有關生活階段（life stage）的觀點，而將生涯發展劃分為五個階段：成長期（growth）、探索期（exploration）、建立期（establishment）、維持期（maintenance）、和衰退期（decline）等五個階段。

　　從生涯發展歷程的觀點來看，大學生在經歷成長期的基礎教育之後，其生涯發展正處於生涯探索期和生涯建立期的轉換階段。其主要

的發展任務即在透過生涯探索的歷程,增進生涯覺知(career aware-
ness),並逐漸釐清其生涯發展方向,以完成具體的生涯計畫和準備。

D. Super 指出生涯探索乃個人發現自己及工作世界之間的認定
(commitment),其間包括一連串透過工作或工作世界所提供的資料
及刺激,而促使個人亟欲對其本身之需要、興趣、性向、價值、工作
角色及能力,作澄清之活動。簡單來說,生涯探索是個人對自我特質
以及各種不同的職業或工作內涵,乃至個人的環境關係與資源進行探
索,以便對個人未來的生涯發展目標建立更明確的導向。

而隨著生涯探索的發展,生涯覺知的增加,大學生更須漸次釐清
其生涯發展方向,建立暫定的生涯目標,以引導後續的生涯探索,並
完成具體的生涯計畫和準備。據此而言,處於生涯探索期和生涯建立
期的轉換階段的大學生,其生涯探索任務應有別於處於生涯探索前期
的中學生。大學生的生涯發展任務,應強調由廣而深,漸次形成暫定
的生涯目標,並據以引導後續的探索及生涯準備。

四、本手冊設計旨趣在滿足大學生的生涯發展需求

已故存在主義思想家沙特認為,每一個人都是實有的存在,每一
個人生下來便都被判定為自由,通過一連串無可規避的選擇,創造出
自己做為人的形象,也刻畫出人類眾多形象的一個面向。是以,沙特
諤然指出,「人必須不斷超越自己去尋求解放,才能領悟自己是真正
的人」。

證諸實際生活經驗的反省,我們不難發現,人們終其一生都在選
擇、準備與實踐個人生涯型態與生活方式,包括學業、職業、家庭、
休閒、社會參與及其它許多必須面對的課題,這些課題進而統合構成
貫串個人一生的發展歷程。唯有在整個發展歷程中,做好各種評估、
選擇、準備與計畫,個人獨特的生命義意才得以彰顯。

從一個理想的模式來看,所謂的生涯規畫即是指個人在生涯發展

歷程中，對個人各種特質，以及職業與教育環境資料進行生涯探索，掌握環境資源，以逐漸發展個人的生涯認同，並建立生涯目標；在面對各種生涯選擇事件時，針對各種生涯資料和機會進行生涯評估，以形成生涯選擇或生涯決定；進而以擇其所愛、愛其所擇的心情，投注其生涯選擇，承負生涯角色，以獲致生涯適應和自我實現。

　　換句話說，「個人自我的探索」、「對職業與教育資料的探索」，以及「對環境資源的評估與掌握」正是生涯規畫鼎足而立的「金三角」。惟生涯選擇既為一連續的歷程，大學生於此一歷程中亦陸續完成多項選擇，諸如升學、科系、人際活動……，而其後更有行業領域、機構、職務的選擇，以漸次形成個人的生涯型態。因而大學生的生涯發展即應以探索階段後期為定位。其生涯規畫的引導亦應兼顧其既有的生涯發展與選擇，而不可以「零」為基點，忽略其目前總體的生涯發展。在本手冊中，筆者參酌金樹人博士介述「生涯計畫模式」（金樹人，民 80），並考量大學生的生涯發展現況，提出「大學生生涯規畫衍生模式」，做為手冊單元發展的架構。

　　具體而言，本手冊的設計目標，乃在於透過紙筆操作及討論活動的提供，協助大學生提升其生涯自主意識與責任，進而以「大學生生涯規畫衍生模式」架構，進行「個人自我的探索」，建立個人暫定的生涯目標；從而針對暫定的生涯目標，進行「職業與教育資料的探索」和「環境資源的評估與掌握」，並發展生涯決策的能力，以逐漸釐清其生涯發展方向，完成具體的生涯計畫和準備。

參考書目

林清文（民 83）：大學生生涯確定狀態及其因徑模式驗證之研究。國立彰化師大輔導研究所博士論文。

金樹人（民 80）：大專生涯規畫課程的實施－以美國伊利諾大學香檳校區為例。《學生輔導通訊》，14 期，25-29 頁。

金樹人、林清山、田秀蘭（民78）：我國大學生生涯發展定向之研究。
　　《國立台灣師範大學教育心理學報》，22 期，67-190 頁。
黃淑芬（民 71）：大學生自我統整與職業成熟及自我確認的關係。國
　　立台灣師範大學輔導研究所碩士論文。
Cooper, S. E., Fuqua, D. R., & Hartman, B. W. (1984). The relationship of
　　trait indecisiveness to vocational uncertainty, career indecision, and
　　interpersonal characteristics. *Journal of College Student Personnel, 25*
　　(4), 353-356.
Erikson, E. H. (1968). *Identity: Youth and crisis.* New York: Norton.
Herr, E. L., & Cramer, S. H. (1984). *Career guidance & counseling through
　　the life span.* (2nd ed.). Boston: Little, Brown & Company.
Marcia, J. E. (1980). Identity in adolescence. In J. Adelson (Ed.), *Handbook
　　of adolescent psychology,* New York: John Wiley & Sons, Inc., 159-187.
Super, D. E., & Overstreet, P. L. (1960). *The vocational maturity of ninth-
　　grade boys.* NY: Teachers College Press.

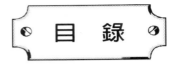

目　錄

第一單元

課程介紹

——🦋 單元目標 🦋——

認識方案活動手冊（認識課程並確認選課意向）。

——🦋 活動說明 🦋——

簡介方案設計理念、課程性質、內容、課堂要求與學習評量。

——🦋 單元活動 🦋——

 經歷大學聯考，現在的你（妳）大概已經在未來的生涯規畫
上做了或多或少的整理、修正或規畫。或許還有部分同學尚
在為是否轉系、重考、休學、挑戰雙主修……而感到猶豫、
徬徨。或許你（妳）正在自問：我要如何定位自己？我要如
何為前途準備？我應如何走自己的生涯路呢？我應如何為自
己安排一個自己喜歡的生活型態呢？《大學生生涯發展與規
畫手冊》正是為你的需求而設計的（參閱本單元「單元技術
指引與討論」）。歡迎共同參與各單元的活動。

 是的，我們相信大學生應該透過充分的生涯探索，逐漸具象、
形成長期生涯目標，藉以規畫現階段的各項短期目標，引導
後續的探索和生涯準備。在本手冊的手冊說明中，我們可以
明白：手冊的設計目標，在於透過紙筆操作及討論活動的提
供，協助大學生提升其生涯自主意識與責任，進而以「大學

生生涯規畫衍生模式」架構，進行「個人自我的探索」，釐清個人暫定的（長期）生涯目標；從而針對暫定的（長期）生涯目標，進行「職業與教育資料的探索」與「環境資源的評估與掌握」，以進一步確認暫定的（長期）生涯目標，並規畫在學期間的短期目標和生涯計畫，增進個人生涯的自主定向。

方案活動的進行可依預定的單元次第，依次進行，也可選擇性進行。各單元活動除可在班級課室中進行外，亦可由二至四人（如寢室中的室友或社團中的組員等）組成一個活動小組，一起進行。現在就從課室的同學中，尋找活動的工作伙伴吧。這個工作伙伴可是一起進行生涯之旅的基本成員哦！想想！和我一起活動的搭檔是誰？我願意和他（她）一起分享想法和秘密嗎？我可以和他一起分享自我探索嗎？

承諾書

我樂意成為＿＿＿＿＿＿＿＿＿＿生涯之旅的工作伙伴。

具結人：＿＿＿＿＿＿＿＿ （簽名）

接著，就讓我們一起寫下對「生涯發展與規畫」的期望！

——✦ 單元指定閱讀 ✦——

黃惠惠譯（民 74）：轉變生機，27-51 頁，台北：張老師出版公司。

夏林清（民 80）：探索成功事業，2-6 頁，台北：張老師出版公司。

——✦ 單元指定作業 ✦——

指定閱讀心得報告。

——✦ 單元技術指引與討論 ✦——

「生涯發展與規畫」課程說明

　　從課程的定位來看，為學生提供包括：課程的屬性、定位與重要性，以及課程設計架構與要求等的「課程說明」是有必要的。「課程說明」的提供，一來可以讓預選課的學生知道課程的資料，以便建立適切的期望；二來甚至可讓少數的學生及早加退選。

㈠課程屬性

　　在課程的屬性上，毫無疑問的，這是一門經驗課程，所謂經驗課程，它和理論課程和實務課程是不一樣的。理論課程強調的是系統理論的介紹、討論、批判、學習乃至於融通。實務課程強調的是特定技術或操作程序的熟悉和演練。而經驗課程所強調的是學習者在課程之

中的參與、體驗,所以在「生涯發展與規畫」這門課中,既沒有系統知識的介紹,也不強調技術的演練,而是希望學習者能夠有更多的參與,且在參與中有更多的機會獲得更多的體驗與心得。並在課程進度中,進而能夠去體驗、思考自己的生涯發展,能夠著手從事生涯的規畫。

所以,就教學者而言,提供探索與體驗的機會是必要的;就學習者而言,要在這樣的課程裡面所學習的,是經歷生涯規畫的過程,試著為自己的生涯做一些規畫,同時也能夠了解規畫的步驟、細節。所以,如果把「生涯發展與規畫」定位在這樣的課程屬性上,可以發現的是:這樣的一個課程,絕對不是強調系統知識的統合與建立,也不是一個教導輔導技術的練習,更不是幫助學習者去學習助人技巧。基本上,這個課程的學習者本身就是直接被幫助的對象。所以,就學習者與教學者兩方面,他們的角色很清楚地被界定在:教學者是課程的設計者、提供者、引導者、催化者;而學習者則是參與者、自我幫助者。這是這門課的屬性。

(二)課程定位

如果「生涯發展與規畫」是一個經驗課程,對一個大學生而言,它能夠提供什麼樣的幫助?它有哪些方面的重要性?對大學生而言,人生——特別是能夠自主、能夠自己去開展的人生,正待開始(有很多人把十八歲以前界定為沒有自我,而從十八歲以後,開始來看生涯發展),面對自己的未來,如何開展就是一個值得思考的課題。當然,社會各界也漸漸地接觸這個需要,特別是新新人類,也常常掛在口邊,談生涯規畫。

生涯規畫不只是特定年齡階段需要,所謂「人生有夢,築夢踏實」,為自己的未來構築一個夢,不只在某一個階段需要,而是在人生每一個階段都需要去做。在大學裡頭開設這樣的課程,更顯得必要而應當。

　　事實上，很多大學也陸續開設了生涯輔導或生涯發展與規畫的課，坊間也有相當多生涯發展與規畫的手冊，或者是書籍。它們都開在各校的所謂共同學科或通識課程，讓不同學系的大學生來選修。

　　從屬性和定位來看，生涯發展與規畫是一門自助助人的經驗課程。課程設計的脈絡在正視大學生既有的生涯發展與抉擇，協助大學生在生涯發展探索階段後期，整理既有的選擇，而對未來更多的生涯選擇。大學生的生涯發展絕對不是從零開始，而是以既有的發展與選擇為基礎，做更深入的生涯探索，繼往開來。

　　因為是經驗課程，進入課室學習者只需要準備紙、筆和課前作業。所謂「師父引進門，修行在個人」，這樣的課程很難評估到每一個學習者是不是在學習？是不是在經驗？所以教學者仍然需要從表象來檢視學習者的學習進展：學習者是不是該來的時候來？該做的作業都完成了？都來了、都做了一些作業，我想學習者的確已經體驗了一些東西。

　　每位大學生選課的動機不同，教學者很難充分體會大家要什麼。所以課程基本要求是：出席、作業及課程參與。

───❧ 單元補充資料 ❧───

生涯規畫的理念與實現（手冊規畫的基本信念）

㈠前言

　　什麼是人生？什麼是生涯？有人說「生旦淨末丑，神仙老虎狗」。我們的人生或生涯，也就是由這一輩子在不同時期經歷的各種角色所構成。不論是神仙、老虎或小狗，不論福祿壽喜，或黑暗悲慘的命運，

也不論你怎麼想，所有的人生都有一個共同的特色，那就是「端點或盡頭」。

　　生命有兩個端點。一個是出生，一個是死亡。生涯這兩個字在詞意上，即已暗示了生命的這兩個端點，但是人們更強調的是在這兩個端點之間的生活要如何充實，同時強調在兩個端點之間的生活內涵。

　　已故生涯發展學者 Donald Super 博士給生涯（career）按下定語：「生涯是綜其一生，不同時期不同角色的組合」（Super, 1980）。如此言簡意賅的語句，有時反而會顯得疏遠而不易有深刻的體會。其實，我們可以更簡單的定義生涯：生涯就是生命意義實踐的歷程。更簡單的說，生涯就是過一輩子。

　　生涯就是生活。每日點點滴滴生活的累積，就是生涯。正是因為生活是每天都在過，所謂「不識廬山真面目」，若不細細尋思，我們對生涯也可能會有模糊、空泛的感覺。特別是每天在例常（routine）的家庭生活和工作之餘，對於生涯二字甚至會有麻痺和不願去想的感覺。假若，有一些時日能夠把生涯中主要的角色喊停，例如，一趟遠途的旅行，忘掉「老師」、「學生」、「男（女）朋友」或「媽媽（爸爸）」的角色，或許我們對生涯二字會有更鮮明的觀察和體會。在抽離掉主要角色後的對比之中，我們反而能夠很貼實的看到自身在過什麼樣的生活——那就是生涯。

　　古時候的人已然注意生涯規畫的話題。在《論語》中，孔子的一段自我表述，即有明顯的生涯階段的意涵：「吾十有五而志於學，三十而立，四十而不惑，五十而知天命，六十而耳順，七十而從心所欲，不逾矩」（論語‧為政篇）。宋‧洪邁的《容齋隨筆》也曾提到「人生五計」：小的時侯要多吃、成長、活下去，是生存之計；在青壯之年，要思考到自己要如何立身在社會之中，是立身之計；年歲漸長，成家立業，要維持家庭的溫飽和家門和樂，是家計；白髮漸增，心力猶在，怡養天年、怡然自得，是養老之計；去日無多，回顧人生，不應有恨，從容面對人生的結束，就是好死之計。台北圓通寺得道高僧

廣欽老和尚圓寂之前，徒弟和信眾們請他做最後一次說法，他平靜的說出：「沒來沒去，總無事情。」不論是洪邁的豁達，或是老和尚的徹悟，人生要能夠如此沒有遺憾，生涯規畫的確不是容易的事。生涯規畫也一直是當代人不斷談論的關心課題。

在進入生涯規畫的內涵之前，我們可以先來想想，我們對生涯的態度是什麼。最近我們可以注意到電視上和其他大眾傳播媒體紛紛出現生涯規畫的話題，而引發討論。其中，最另類的是龍巖建設的廣告。廣告中提醒人們生涯規畫的重要——別忘了，為自己準備身後的靈骨塔位。生涯規畫當然可以包括「安排後事」，但生涯規畫更重視眼前到未來的長期生活之設計和安排。

此外，坊間書店中也陳列許多談論生涯規畫的流行書，例如「生涯贏家」、「生涯十大絕招」、「三十歲前擁有一百萬的生涯規畫」、「如何在二十五歲賺到人生的第一個一百萬」、「如何在三十歲以前成為經理」、「生涯規畫 DIY」等等。這些書都很暢銷，暢銷到連量販店的賣場也有陳列展售，顯見人們對於成功的生涯規畫的熱切期待。

這些暢銷的生涯規畫教本，一方面滿足了人們企求「生涯成功」的需求，另一方面也銷售「停止生涯思考」的信念和態度。這一類書籍的共同點之一是談如何賺錢、如何成為經理、如何成功；但不談為什麼要賺錢、為什麼要成為經理、賺錢和經理和人生有什麼關係、人生的目的是什麼、人生的要求是什麼。它們要求讀者不要想這麼多，想這麼多意志就會動搖。

最近我收到一本談生涯規畫的教科書，也用「成功的生涯規畫」做為章節名稱。很多國中學生，甚至年歲更長的大學生心裡面可能困惑：生涯到底可不可以用「成敗」來論？到底有沒有所謂「成功的生涯」和「失敗的生涯」呢？依個人之見，生涯實在不必要以成敗來論。

正如我們不以成敗論英雄，英雄才能盡情揮灑。個人的生涯也不必用成敗來論。生涯只須求得個人的安身立命，亦即所謂「心之所安」，人生一輩子也就可以「自在圓滿」了。

　　用這樣的態度是要讓我們自己從成敗之中，釋放出來。也用這樣的態度來釋放我們的學生和年輕人，讓他們不要一開始就在升學主義的框架中，用讀書成敗，縮限自己的生涯深度、廣度，或過早的論斷自己的生涯。生涯不以成敗輸贏而論，但生涯必有其目的性。生涯的目的是什麼？

㈡生涯的目的

　　生涯的意義或生涯目標，絕對不是生涯規畫的題外話。不但不是題外話，更應該是生涯規畫的思考主題。生涯的意義或生涯目標不是電腦預設的，也不應該是「世人皆同」的制式標準，每個人都必須為自己的生涯意義或生涯目標負責。談生涯規畫，不一定要談如何找工作，但一定要談生活的目的或意義。沒有目的，一切都是偶然，如同因風而起的柳絮，是沒有規畫之可能的。

　　到底生活的目的是什麼？人生的要求是什麼？這個問題，對不同的人來說會有不同的答案。這一陣子，東南亞的經濟風暴，國內也有很多人找不到工作，有大企業的經理，回頭賣蚵仔麵線和貢丸湯；對他而言，生涯的要求就是得到生活的溫飽。我也遇過一位同事，他說台灣太亂了，連在桌子底下都會被流彈打到，他要移民到紐西蘭；對他而言，生涯的要求就是得到無憂無慮的安全保障。如果，生理需求和安全需求的滿足就可以讓人活下來，我們的社會理論上就不會有自殺的事件。但層出不窮的自傷和自殺事件，顯示人們生命中還有許多的需求需要獲得滿足，才能提供生命持續的力量。

　　最關心人的心理學家 A. Maslow 提出需求層次論。因為有安全需求，所以人們要守望相助；因為有歸屬的需求，所以人們要組織社團、經營家庭；因為有尊嚴的要求，所以人們要力求表現，對得起良心。通常一個人最怕人家認為他「沒有用」、「不成器」。前幾天，我的一位朋友對他太太的育兒方式略有建議，她馬上回答他：「你那麼行，為什麼不自己教？」接著連續好幾天不和我的朋友說話。直到冷戰結

束，她才問我：「我真的那麼失敗嗎？」其實朋友的太太並不失敗，只是朋友的表達不小心造成她的誤會，而踩到她自尊的痛腳。當需求逐次滿足，逐次提升之後，自我實現的需求就出來。

多年前，佛光山星雲大師春節送給信眾祝福和門聯，門聯上寫著「自在圓滿」四個字。自在圓滿是我們對生命的期盼，也是我們生涯規畫的目的所在。生涯規畫就是在得到生涯的自在圓滿。

《論語》也談安身立命。要怎麼自在？怎麼圓滿？自在就要安身，圓滿就是立命。生理需求、安全需求、歸屬需求和自尊需求就在求安身；自我實現需求就在求立命，確立和完成人生的意義和使命。人生的意義和使命是什麼？蔣介石總統說：「生命的意義在創造宇宙繼起之生命；生活的目的在增進人類全體之生活」，個體心理學家 Adler 認為人類既不能獨活，從人類學的觀點來看，社會是人類繼續生存的最佳保證，而人們民胞物與的「社會感」就是使社會得以傳承，永續生存的要素。他寫道：「心理生命……它最終目標是要保護屬於塵世的有機體繼續在人間活著，並使他們能安然完成自己的發展。」自我實現正是以社會感為旨歸，而成就生命的圓滿，達到孔子所說的「從心所欲，不踰矩」的境界。

總結來說，生涯規畫就是在尋求個人需求的滿足，以達到安身立命和自在圓滿。所謂安身立命或心之所安的生涯，就是知道自己要什麼的生涯，而且也能夠知道怎麼去經營，然後用心享受這樣的生活，這就是生涯──說來容易，做來不易，卻是值得努力的境界。

(三)生涯的際遇（場景）

在從生到死的這個舞台上，這些人生需求要如何來滿足呢？有人說管他的，「今朝有酒今朝醉，明朝散髮弄扁舟」（李白・將進酒）。但更多的人知道，為了達到人生的需求，我們扮演了許多的角色。這些角色的演出滿足我們的心理需求，也給我們挑戰甚至困難。有些時候，我們甚至會懷疑是不是需要擁有某些角色。所以，生涯規畫的第

一個課題就是生涯角色的規畫。

　　各層次的需求帶出了我們的人生價值觀，人生價值觀帶出了我們對人生各種角色的重視程度。不同時期的不同角色的組合就構成了我們的生涯型態和全部。包括：兒童、工作者、家長、休閒、學習、社會民眾等的角色都是我們揮灑和滿足需求的空間。

　　所謂的「生涯發展」則是系列的生涯選擇之萌芽、探索、建立、維持和消褪的過程；其間包括了生涯角色的選擇、生涯型態的選擇，以及個人的價值觀與其他人格特質的體現。而所謂「生涯規畫」是指有系統的導引生涯選擇，以展現個人的生涯自主和增進生涯適應。換句話說，生涯發展具有整體性和主體性；而生涯規畫則強調了生涯發展的主動和意志面。

　　證諸實際生活經驗的反省，我們不難發現，人們終其一生都在選擇、準備與實踐個人生涯型態與生活方式，包括學業、職業及其它許多必須面對的課題，這些課題進而統合貫串個人一生的發展歷程。我們唯有在整個發展歷程中，做好各種評估、選擇、準備與計畫，個人獨特的生命意義才得以彰顯。

㈣角色人生的規畫

　　在生涯中的各個角色都要歷經：成長、探索、維持、建立和淡出的階段和歷程。我們要在哪個時候出現哪些人生角色？在哪個時候，有哪些同時出現的角色？讓這些不同時期不同角色的組合構成我們的生涯和生涯型態。對於生涯角色體驗很深的心理學家 D. Super 用彩虹的光環表示人生的許多角色，全部的角色光環構成瑰麗七彩的人生。

　　換句話說，在我們的構想中，生涯規畫包括有兩個層次的問題：一個是生涯角色間和生涯型態的規畫；另一個是生涯角色內和生涯目標的問題。第一個層次的生涯型態問題，涉及在時間和空間的向度下，我們要如何來組合各種角色；第二個層次的生涯目標問題，涉及在各個角色中，我們要追求哪些職務（jobs）或實現哪些目標。這兩個問

題並不是獨立的，而是相互連動的，透過這兩個層次問題的思考和規畫，來滿足我們的生涯需求，實現我們的人生價值。我們可以試著用以下的圖形來表示：

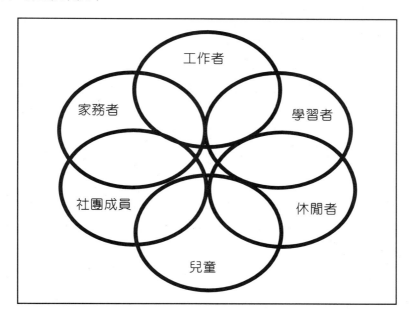

　　從一個理想的模式來看，所謂的生涯規畫即是指個人在生涯發展歷程中，對個人各種特質或職業與教育環境資料進行生涯探索，掌握環境資源，以逐漸發展個人的生涯認同，並建立生涯目標；在面對各種生涯選擇事件時，針對各種生涯資料和機會進行生涯評估，以形成生涯選擇或生涯決定；進而以擇其所愛、愛其所擇的心情，投注其生涯選擇，承負生涯角色，以獲致生涯適應和自我實現。

　　「個人自我的探索」、「對職業與教育資料的探索」，以及「對環境資源的評估與掌握」正是美國 Illinois 大學 Swain 教授提出的「生涯計畫模式」（金樹人，民 78）中，鼎足而立的生涯規畫「金三角」。筆者乃據之發展「大學生生涯規畫衍生模式」。以「大學生生涯規畫衍生模式」來做為「生涯規畫」或「生涯發展」的架構，則我們可以將大學生生涯發展的課題簡單歸納為下述十個目標：

1. 生涯自主與責任意識。
2. 系統性的自我探索。
3. 發展暫定生涯目標。
4. 以暫定生涯目標為主的生涯探索。
5. 收集生涯資料的主動性。
6. 整合個人特質與教育職業的關聯。
7. 從環境資源檢視暫定生涯目標的可行性。
8. 生涯決策知能。
9. 形成在學期間的短期（階段）目標。
10. 增進生涯計畫與問題解決能力。

　　大學生生涯規畫手冊即是以「Maslow 的需求層次論」以及「朝向需求滿足」做為生涯發展的核心，而以「均衡」與「適性」做為生涯發展的基本原則，依筆者自行發展之「大學生生涯規畫衍生模式」，基於前述的目標發展而成。手冊內容的安排，首先在於透過生涯案例的觀察與討論、生涯彩虹圖和人生圖繪製和分享活動，以引發大學生生涯自主意識與責任，提高活動參與的動機。次而介紹「大學生生涯規畫衍生模式」的架構與內涵，並逐次引導大學生就「興趣類型」、「個人風格」、「價值觀」等層面進行自我探索，進而整合自我探索結果和生涯期待，建立暫定生涯目標；從而針對暫定生涯目標，進行「職業與教育資料的探索」，以及「環境資源的評估與掌握」；並發展生涯決策的能力。有系統的整合大學生的生涯發展課題，提供完整的協助或輔導方案，可以有效提升大學生的生涯適應和生涯規畫。

　　筆者相信在生涯規畫和輔導工作上，我們需要的不僅僅是家族職業樹，或幾個價值澄清活動。我們需要的是越過狹窄的職業選擇或職業準備觀，才能更完整的回到人本關切主題，才能協助自己尋求個人的安身立命，而不是培養一個隨時準備「我要到這個沒有？要到那個沒有？」飢飢餓餓的生涯規畫者；生涯輔導的終極目標是讓下一代都

能「放心」的活。用前途進階的思想來談生涯，追求所謂的生涯成功，或者窄化生涯成為一個單一角色的思考的確不是本文所認同的。

㈤角色人生的實現

1. 找到自己的人生價值，調配各種角色的份量比重。這輩子，什麼「東西」最值得自己追求。
2. 演什麼像什麼，演活自己的每一個角色。看看我的造型（條件）和環境配不配。
3. 容許發問與學習，累積更多角色扮演的知識。學習與成長：統整學習——以統整帶領學習，以統整肯定學習。
4. 融入場景，和角色對手一起入戲。尋求通力合作的人際關係。
5. 與時並進，準備迎接新角色的到來。三十而立、四十而不惑……，沒有人一輩子在相同的場景中扮演相同的角色。
6. 無人處，跳出戲台，看自己在演什麼戲。回首來時，也無風雨也無晴。

參考書目

金樹人（民 78）：《生計發展與輔導》。台北：天馬文化公司。

洪邁：《容齋隨筆》。台北：台灣商務出版公司。

Super, D. (1980). A life -span, life-space approach to career development. *Journal of Vocational Behavior, 16,* 282-298.

問與答（Q 與 A）

問：本手冊，可否由大學班級導師，協助學生生涯規畫？

答：可以，當然導師在實際操作上可能還有一些問題，筆者期待每一

位有心的導師可以試著去做。之後若有些困難或問題,也可以相互分享討論。本手冊各單元「技術指引與討論」段落的編寫,也希望能提供給導師們作研習用。

問:有些大學生想到未來生涯會有無力感,如何從事生涯輔導?

答:是的,從事大學生生涯輔導,我們的第一個問題就是「要做些什麼事情?」「我們的目標在哪裡?」我相信生涯覺察與意識應該是生涯規畫和生涯輔導的起點。比如利用本手冊第二單元的活動設計,讓大學生們談談「……我還可以去做些什麼事情」,又比如請早期畢業的學生,回來聊一聊他的生涯發展現況和想法,這也可以讓學生思考一些生涯決策與責任的意識。

　　筆者相信,大學生多多少少會想到他的未來,但是怎樣讓他這些籠統模糊、乃至於帶有若干未經驗證的不合理想法,能夠更加的具體,若能讓他去做些思考,可以幫助他更清楚自己一步步要做些什麼,而不會有無力的感覺,我想這或許正是我們可以去做的。

問:談生涯規畫有什麼好處?

答:套一句人們常使用的話來說:「學生涯規畫的人不會變壞。」為什麼?因為生涯規畫談的不是追求什麼,而是釐清為什麼要追求這些?回歸到人生的需求,而不是人云亦云的盲目追求。重新回到人生需求和生涯角色的思考,我們可以在不同的生涯角色找尋人生需求的滿足。在教育上,也可以從單一角色的思考中,釋放學生或子女,讓他們探索不同的角色滿足需求的可能性。

千江有水千江月

——⫷ 單元目標 ⫸——

認識生涯發展與成人的生涯發展任務。

——⫷ 活動說明 ⫸——

介紹成人生涯發展理論；填寫生涯發展任務，小組分享及歸納。

——⫷ 單元活動 ⫸——

 考進大學的確是人生一個重要生涯目標的完成，當然值得為自己喝采。此刻繽紛多采的大學生活正待開展。現在，閉著眼睛想一想，還有哪些事情是目前生活中所關心、所困擾，或者所想要做的。例如：「學好人際互動，使應對進退能適宜場合」、「找機會打工，吸收社會經驗」、「學英語會話」、「懂得打扮自己」、「多關心爸媽的心情」……，沒有關係，一件一件盡量寫下來……

❧ 關心現在的我・現在我的關心 ❧

目前關心或想要做的事情	類　別	重要性	備　註
1.			
2.			
3.			
4.			
5.			
6.			
7.			
8.			
9.			
10.			
11.			
12.			
13.			
14.			
15.			

還有沒有其他的事情要再增補上去呢？某些事情在性質上是
不是類似，可不可以將這些事情加以歸類呢！可以依其性質，
爲每件事情或活動寫上不同的類別：

☐ 時間方面　　☐ 社會參與方面　　☐ 個性方面
☐ 金錢方面　　☐ 知識方面　　　　☐ 職業與生涯方面
☐ 休閒方面　　☐ 能力方面　　　　☐ 友誼、親密關係方面
☐ 飲食方面　　☐ 自主方面　　　　☐ 認同與價值方面
……

哪些事情是比較急迫、重要的呢？我們來爲這些事情的重要
程度打分數。是的，打完分數，孰輕孰重似乎已有了初步的
輪廓。這是不是自己現階段的「發展任務清單」呢？對這份
「發展任務清單」有些什麼看法呢？我較重視哪些類別的發
展任務呢？所謂「人生有夢，築夢踏實」，接下來要如何完
成這些發展任務呢？

或許我們也想要看看自己的「發展任務清單」和大家有哪些
不同，正可利用這個機會和鄰座的朋友一起來分享彼此的想
法。爲求分享的連貫性和深入，我們可以先在班級團體中，
選擇一位生涯分享伙伴。選定之後，在後續的單元討論中，
就固定與這一位伙伴分享生涯思考。

利用課室的黑板，可以讓更多人一起分享生涯發展任務，擴
展更寬廣的視野和參照。每一位參與者可以依次在黑板寫下
三個最關切的生涯發展任務。在密密麻麻的任務中，我們逐
一予以歸納（類）之後，就可以看到更多人的異同之處。

或許在期末，我們可以再有機會一起分享，對這些生涯任務
我們做到了甚麼，又改變了哪些。

當然，不同階段的發展任務有其獨特性和承續性，各個階段
生涯發展任務的開展和完成，正構成了你我的「生涯」。「生
涯」不但可以如是端詳細思，也是可以規畫的。你（妳）以
為如何？不妨寫下單元活動的心得。

我的心得

_____

_____

_____

_____

_____

────❀ 單元技術指引與討論 ❀────

論成人前期的生涯階段轉換

成年儀式是許多原始部落重要的儀典活動。在部落文化的年齡分
級儀式中，成年儀式是每個人需要跨過的最重要也是最有意義的一級

階梯。經過成年儀式，標定個人「生涯階段轉換」，賦予個人社會資格和責任。

《周禮》冠義：「成人之者，將責成人禮焉者，將責為人子，為人弟、為人臣，為人少者之禮行焉……故孝悌忠順之行立，而後可以為人……故曰冠者禮之始也，嘉事之重者也。」常金倉先生在「周代禮俗研究」中，指出中國古代的冠笄之禮就是在野蠻民族中曾經普遍流行的成年儀式。所謂冠笄之禮是以男子加冠，女子著笄標誌成年而得名。男子二十而冠，女子十有五年而笄，儀禮「女子許嫁，笄而醴之，稱字」（林尹，民72）。

台灣南部民間舊俗亦有以「七娘媽」為兒童的保護神，認為十六歲以下兒童均受七娘媽之庇護。兒童週歲前後，親長即往寺廟祈願七娘媽、註生娘娘、觀音媽、媽祖等，請諸神加護，而以古錢或銀牌、金鎖片，串紅絨線為「絭」，懸於兒童頸上。至十六歲，則於七夕之日，家長備香花（圓仔花、雞冠花等）、水粉、胭脂、米粽、麵線等供品，及紙糊七娘媽亭一座盛祭。祭後，燒紙錢、「更衣」及七娘媽亭供獻，脫去舊日佩「絭」，男稱「脫絭」，女稱「出婆姐間」，其意表示兒、女成年（見吳瀛濤先生著《台灣民俗》，亦見連雅堂先生著《台灣通史》載）。「脫絭」或「出婆姐間」即宣告個人完成「生涯階段轉換」，正式進入成年階段。

從發展心理學的觀點來看，個人的「生涯階段轉換」並不是透過或長或短的「儀典活動」即可輕易完成。Levinson 等人在《生命的季節》（*The seasons of a man's life*）書中指出，成人階段包括三個主要的次階段（sub-stage），每一個次階段之前（間）都有一個轉換期（Levinson, Darrow, Klein, Levinson & Mckee, 1978）：

　　　17-22 歲（成人早期前的轉換期）

　　　22-40 歲（成人早期）

　　　40-45 歲（成人中期前的轉換期）

　　　45-60 歲（成人中期）

60-65 歲（成人晚期前的轉換期）

65 歲以後（成人晚期）

轉換期是發展上的「橋樑」或「渡船」，個人得以從前一階段過渡到下一個階段。在轉換階段，個人也可能引發拒絕、生氣、爭執、憂鬱、認命接受等不同的情緒體驗。當然，這些情緒體驗也存在人的個別差異，有些人可能會有強烈的感受經驗，也有些人可能不太感受到。然而真正的問題並不在「感受如何」或「感受什麼」，而在於「如何處理」。一般而言，轉換期具有下述的特徵：

1. 邊緣地帶。

2. 結束或改變（關係）的時期。

3. 更多的質疑。

4. 更多的嘗試和探索。

5. 嘗試建構新的模式。

6. 以確認和定向（commit）結束轉換。

大學生年歲約在十八至二十二歲，正值 Levinson 等人所謂的「成人早期前的轉換期」。從青少年要變成為成年人的過程之中，生活上也有許多的發展任務需要完成。美國輔導學者 G. Egan 在從事多年的青年輔導與諮商經驗中，進一步歸納進入成年期的年輕人「十大發展任務」（黃惠惠譯，民 74）：

1. 變得更具備能力。

2. 達到自主。

3. 發展並實踐自己的價值觀。

4. 形成自我認定。

5. 將「性」納為自己生命的一部分。

6. 結交朋友並發展親密關係。

7. 愛與許諾。

8. 從事初步的工作與生涯選擇。

9. 成為社區中的好居民和好公民。

10.學習善用休閒時間。

　　從文化人類學對民俗、儀典的考察，可以提醒我們注意發展階段的「轉換期」；發展心理學「發展任務」之說，說明任務準備與轉換的關聯。不論是從文化人類學或發展心理學的取向，你如何讓自己「轉成大人」呢？你是否同意上述的發展任務，哪些是你認為不重要的，而還有哪些是你想再加上去的。

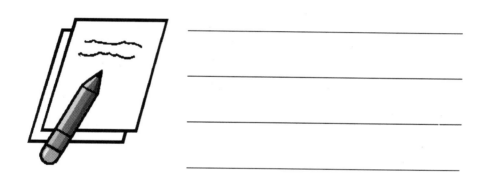

參考書目

林尹（民72）：《周禮今註今譯》。台北：台灣商務出版公司。

吳瀛濤（民73）：《台灣民俗》。台北：眾文出版社。

連雅堂（民65）：《台灣通史》。台北：眾文出版社。

黃惠惠譯（民74）：《轉變生機──如何安排成人的新局面》。台北：
　　　張老師出版公司。

Levinson, D. J., Darrow, C., Klein, E., Levinson, M. & McKee, B. (1978).
　　　The seasons of a man's life. NY: Knopf.

──❧ 大學心事 ❧──

　　在「生涯發展與規畫」的課堂活動，筆者邀請以大一新生爲主體的班級學生寫下他們「目前關心或想要做的事」。陸續五年七個班級二百餘位選修的大學生，寫下近千條的「目前關心或想要做的事」。筆者和同事將這些大一學生（間有少數其他年級學生）寫下的內容摘出、歸類，我們發現大一學生關切的生涯課題包括：

- ✺ 從前，有時候手邊正忙著其他事情，心裡面突然會起某個願望，急著要完成它，例如：逛書店看見可愛的卡片，就想要自己動手做做看；看到同學英文程度很好，就希望自己能提升英文能力……好多好多目標圍繞在身邊，生活中似乎充滿了希望、夢想待我追尋和完成。然而，在眾多理想中，卻有理不出頭緒的雜亂感，不知從何處著手……後來，我就將想做的事情寫下來，包括想要的東西和關心的事情，結果我發現我能一步一步穩定的向前走了，因爲紙面（記事本）上的目標明確的呈現在我眼前，我就能根據當時的情形，選擇方便、需要的來著手，達成的就劃掉，如此一目了然，清清楚楚，感覺上生活踏實多了……這次的活動能讓我們明白自己想要做的事情，整理清楚，訂下計畫，然後按著計畫穩穩的實現。
- ✺ 始終知道有很多事是我想要去做的，而由此活動我知道、統整了所有我想要在現在完成的事，所以呢，現在的我可以好好來規畫我這一學期，如此一來，我的生活就不會再毫無目標了
- ✺ 把自己所關心、所想要的事情記錄下來，的確是很簡單的一件事情，因爲每個人都有夢想，但是這些會不會僅只是一個美好卻虛幻的夢，那就全憑每個人對自己的生涯計畫了

- 上台寫出這些項目，更可以產生師生或同學間的互動，很不錯，很溫馨的感覺。

- 我有好多目標、好多理想要去完成，和同學分享之後，發現大家目前要做的事，大部分都差不多，我想這就是我們的發展任務吧。

- 生涯對一個人要走的路，必須先要有準備計畫，才可能實現……我漸漸學會依自己的意願來安排目前和以後要過的生活，而且覺得生命不再缺乏意義，因為活著就是為了我自己的理想，為了實現我的任務。或許目前的階段還沒有多大的安排，但至少不再迷惘、困惑，希望藉著課程的進行，我能漸漸成長。

- 看目前最想做的事的清單，天啊，竟然有這麼多工作尚待努力。

- 從這活動中，我學到如何規畫自己的事情，希望自己將來也能夠切實的應用，而且藉著彼此的分享，真的感受到「千江有水千江月」。

- 不管如何，將自己所想要做的計畫付諸實行或思考解決的辦法，才是更積極有效的做法，否則只是一味空想，空留遺憾。

- 藉由寫出自己目前生活中所關心、困擾或所想做的事，來了解自己目前所做的事情和所想的事情是否相同，清楚檢視自己內心，做為自己的生活訂定計畫和目標的張本，調整自己的腳步，朝向這些目標去實行。

- 每個人在寫想做的事情時總是下筆不能自休，可見每個人對自己的生涯發展有許多期許和想法，這是令人高興的現象。

- 計畫總是計畫，要實際去做才可能實現目標，但願自己不要眼高手低才好……

- 這樣的活動能夠讓我仔細思考自己當下最需要的是什麼，而能朝這方面來加強……

- 好好的想一想，不管是現在或未來，我到底要做些什麼事情……在列出一項又一項的清單中，才了解到自己有好多想達到的目標沒有實現，好多想學的東西沒學，好多該做的事沒做，或許，經

由列清單的過程中，也意識到自己真正需要的是什麼……確切的知道我該朝哪些方向去努力。依序是：修國文輔系、擴展人際關係、在社團多學習、加強英文、成熟面對事情。真希望自己都能達到這些理想。

∽ 我們正處於一個轉變時期，對於現在及未來處於調適階段，眼前的興趣、快樂、享受雖然深具吸引力，但又不得不對自己未來出路、前途、錢途多加考量……有時想自己似乎在人生的轉變時期停頓猶疑太久，這樣的優柔寡斷是傷害自己還是保護自己呢？

∽ 每個人都知道生涯規畫是非常重要的，但卻往往不知道在各個發展階段中，自己的發展任務是什麼，這種情形就很容易形成許多遲疑定向的人。透過本單元活動的進行後，讓我對於自己目前所該進行的發展任務有了個初步的輪廓，讓我能夠有個追求的目標，不至於茫然失據……

∽ 經過大家的討論和分享，我發現目前大家（大一學生）最關心或最想要做的事都集中在「學習新知能」和「人際關係的增進」上，這與我的看法相符合，因為自己的實力和人際關係是一個人成功的不二法則……在做生涯規畫時所應列入的……

∽ 現階段的我，想求得的目標即：(1)課業保持在一定水準之上，(2)人際關係的建立培養，(3)身體的鍛鍊。

∽ 我的發現是在這個時期，自己有許多想做的事情和他人相似，但也有不相同的，我現在較能了解該朝哪個方向去努力，去實現自己的理想。

∽ 人生有許多的發展階段，每個階段都有許多發展任務，我所應做的是好好把握現在，並且好好思考將來想朝向什麼方向走去，但別好高騖遠，對自己目前的需要、想法應負責。盡力去度過這個人生發展的過渡階段，下一個人生的發展階段將會更美好。

∽ 原來在大學的四年中，每一個年級所關心的都不同，大一時，我想學會藝術字、做卡片、學習獨立、在社團有所成長、擴展人際

關係……有些做到了，有些仍在學習；有些不適合自己，有些並非自己想要的。如果大一時，我選擇多在社團發展，也許我現在的生活會有不同，有時仍會想想自己選擇的路對嗎？

　　大二的觀念又有所改變，想多看書、訓練自己上台表達時不慌張、做報告能用心完成、三五友好有時間到郊外踏青、常回家陪父母、減肥、和男友及朋友間能兼顧好……

❦　我常常會有些事情想做、該做，但又不確定是哪些事情。上了這個單元之後，我經過仔細的思考以及與他人的討論、分享之後，較清楚哪些是我想做的，哪些是目前最迫切重要的事。

❦　在日常生活中，我們很少有機會去思考自己的發展任務。對自己的生涯現況端詳細思，才能具備積極的生活態度，開創有意義的人生。

❦　似乎是把自己想要的東西具體化了，生活中原是有許多目標等著我們去實現的，但或許是因為膽怯，懦弱，甚至是因為懶，而使我們錯過了許多機會，但願在往後的日子裡，我能把握住每一個機會。

❦　不錯，各個階段的發展任務的實現，累積起來就是我們的生涯，我們要做什麼事、要有什麼目標都是人生中重要的過程。

❦　每回要寫下生活的規畫，通常不自覺的寫了許多目標……不過這次我寫下的是這學期對自己的期許，而自己也已參加了社團，希望可以圓了這些希望。

❦　順便也參考別人的意見，這樣更能彌補自己的不足，而發現自己在這段時期的特點，如果在每一個階段、時期都能去思考自己在這段時期所要做的是什麼，這樣才不會在各時期徬徨無措。

❦　各個階段的發展任務是可以規畫的滿詳細的，但可不可以做到又是一個大問題，如果不能完成……

❦　是不是在下一單元中，能教大家化心動為行動呢？

──❦ 我的回應 ❦──

　　你此時此刻的發展任務是什麼？和別人比起來你的生涯發展任務有什麼不同？你對 Eagan 談的青年前的發展任務有什麼看法？

　　我看到各位談到變得更具備能力（學習更多的電腦和語文能力、人際能力）和達到自主（時間管理與規畫、賺錢）、結交朋友、休閒和體能運動時間的管理；但各位較沒有談到的是「價值觀的探索」和「自我認定」和「與環境的關係」？我們要不要花點時間來談談這些部分。為什麼你們沒有寫出這些呢？它們不重要嗎？真的沒想過、不在意或忘了寫？如果現在想起來，你們又會如何看待這些事情？就這些部分，有哪些事情（jobs）要做呢？Egan（黃惠惠譯，民74）所謂「將性納為自己生命的一部分」是指什麼意思？愛與許諾又是什麼？是不是有人可以談談看？

　　這些就是現在的生涯發展。你如何來安排這些事情，甚至重新思考這些事情的先後順序就是生活規畫，也就是生涯規畫。

　　在上列的引述中我們可以看到大學生有許多生涯準備的想法，也許要過的生涯各有不同，要準備的課題也各有不同，但「要為生涯做準備」的想法（用 D. Super 的概念來說是「長期觀點」）卻是普遍的。另外，「對轉換時期的意義的體認」也是在大學生的自述中的一個很重要發現。筆者進一步追索，這會不會是他們跳脫重重聯考窄門成為大學生的張本，或是經歷重重的教化（社會化），而學會在社會存活的人格型態。

　　筆者甚至揣想，是不是在我們過去的文化或習俗中，有許多正是用來教導青年學習體認到「轉換時期的意義」和培養「生涯準備的意願」，而可惜的是這些文化或習俗日漸式微，有些青少年故而少有機會得到這些學習。如果有機會提供這樣的課程給社會青年，如修讀社

區學院的學生、社青研習會成員或觀護少年，可不可能有助其對「轉
換時期的意義」的體認和「生涯準備的意願」的培養而改善其生活適
應呢？

　　當然，我們也要以實徵研究，檢視具有前述正向覺察的學生，其
後來的生涯發展是不是會比較好。比如說徹底的分析（質的分析方法）
大學生在本單元的作業，找出向度，看不同學生在這些向度的反應，
給予評定，然後再觀察其後續的大學生涯，他們的生涯適應和滿意的
情形如何，希望能在這裡建立起大學生學校適應的理論。我基本的懷
疑是，當這些被引述的大學生有正向的生涯覺察，是不是就會有有利
的生涯發展；如果沒有，那麼他們的生涯障礙又是什麼？透過上述資
料的適當分析或許可以藉以建構大學生生涯覺察的評量工具。

　　在本手冊中，將生涯覺察當做是生涯發展與規畫的一個起點，而
企圖引發大學生的生涯規畫動機，從而導入生涯規畫模式。然而本單
元和後續單元的銜接是重要的，後續的單元仍應要觀照如何修訂與落
實眼前的任務。

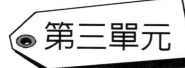

第三單元

生涯路上眾生相

——❀ 單元目標 ❀——

認識生涯型態，檢視個人的生涯發展，引起生涯覺察。

——❀ 活動說明 ❀——

生涯讀物閱讀報告與討論；介紹生涯角色相對重要性（role salience）概念，填繪個人生涯蛻變圖；小組分享生涯型態的憧憬。

——❀ 單元活動 ❀——

1 課前指定：請自行挑選一本傳記類的課外讀物閱讀。閱讀時請注意書中主人翁或其他人物的角色扮演。特別是在故事敘述中，他們扮演哪些角色？他們如何扮演？以及主人翁生涯角色的轉換，如何構成他們的生涯？主人翁展現或追尋的生命意義何在？以及主人翁的生涯於你（妳）有何啟示。

_____

_____

_____

_____

依著指定作業，想必大家都讀到一本好書，並由此見識角色與生涯。接下來，有很好的機會讓我們分享彼此的心得（爲考慮時間限制，可以抽籤決定討論的引言人）。

 書中人物的生涯於你（妳）有何啓示？如果，書中的主人翁是你（妳），你（妳）希望你（妳）的傳記裡有些什麼內容？在多采多姿的歲月中，你（妳）曾經擁有哪些角色？「女兒」、「學生」、「姊姊」、「室友」、「義工」、「輔導員」、「消費者」、「聽眾」、「鄰居」、「社長」、「菜鳥」……。且讓我們一一寫下過去和目前擁有的各個角色或身份。

我的傳記（前傳）

＊過去的角色：_____

＊現在的角色：_____

生命的軌跡（請用簡單的線條、圖形勾勒自己的生命軌跡，並註明相關事件）

 從過去到現在，所扮演的角色有些什麼不同？是什麼原因（想法？事件？作法？環境？……）造成其間的改變？

_____

_____

_____

_____

 喜歡目前的這些角色嗎？哪些角色是自己願意賣力精湛演出的？哪些角色只是聊備一格，讓你（妳）幾乎忘了它的存在。不妨在所重視的那些角色底下畫一底線，讓它的重要性更凸顯出來。接著，可以利用五至十分鐘的時間，和鄰座的朋友一起分享「為何如此重視這些角色，這些角色對自己的人生有什麼意義」。是的，我們可以試著找出哪些想法影響我們看待不同角色的重要性。

角色相對重要性看法的影響因素（人生觀）：

_____

_____

_____

 「生涯」是由生命中經歷的各個角色組合而成。生涯規畫的確不應該只侷限於「職業角色」的定位和尋找。接下來，讓我們再想想看，未來我們還將扮演哪些角色？打算如何來組合這些角色？

```
┌─────────────────────────────────────────────────────┐
│                我的傳記（後傳）                       │
│  ＊未來可能的角色，以及打算如何扮演這些角色：          │
│                                                       │
│                                                       │
│                                                       │
│                                                       │
│                                                       │
│                                                       │
└─────────────────────────────────────────────────────┘
```

生活角色的組合構成了每一個人的生涯型態。在你（妳）未來生涯型態的憧憬中，是否涵蓋「職業角色」的部分？「職業角色」的重要性如何？對於其他角色會不會有所影響？「職業角色」是不是目前生涯規畫的重要課題？對此，你（妳）有何看法呢？

_____

_____

當然，未來仍有許多變化，但你（妳）更清楚自己所要擁有的。在諸多的選擇之中，你（妳）知道要做什麼。此刻，或許有些釐清之後的人生觀或心得是值得寫下來的。

_____

_____

_____

_____

❧ 單元補充資料 ❧

生涯角色與生命意義的追尋

　　以角色的觀點來說，我們要去完成某些我們自己認定或他人期許的事情，其實也就是要去扮演和這些事情有關的角色。

　　什麼是角色？在老一輩的平劇圈中，曾有一個「直呼直行」的術語，換成白話來說就是「演什麼像什麼」。人生就是舞台，我們一輩子都在做人做事，也一輩子都在扮演各種角色。

　　角色這個字的本意是面具，「穿什麼戲服，做什麼戲」。戲台上紅臉是夜讀春秋的忠義關公、白臉是挾天子以令諸侯的奸雄曹阿瞞、黑臉的是率直張翼德……；畫上臉譜就要照著戲文演一齣「忠孝節義」的故事；演青衣的就不能說「我原來是演皇后的，我一定要有前呼後擁的儀仗」；但換了戲目演「大登殿」，就不能做「春草鬧堂」的輕佻。

　　我們每個人都要從「角色」的架構線索中，來找言行舉止的準據，例如「小學生要用功讀書」、「爸爸媽媽要愛護子女」。而社會上，人們也一直用「角色」來相互規範、相互期望。我們甚至可以說華人世界的倫常關係就是建立在「角色互動」的理念之上（黃光國，民77）。另一方面，我們也不時在理解、釐清和重新詮釋角色的內涵和準據。更重要的是，我們也在探尋我們數不清的各種角色。

　　生涯應該與整體的生活有關，應該與全部的生活角色有關，應該具有「以人為主體」的色彩，而不應只有單一角色，或狹窄目標的追尋。所以在生涯輔導或生涯規畫的過程中，生涯角色的選擇、調配與權衡即是首要面對的課題。

　　在上一個單元結束時，我們曾請同學們先行閱讀一本人物傳記，注意掌握傳記主人翁與其他人物的生涯和角色。在這一個單元中，我們要請同學們關注「生涯角色的組合構成每個人的生涯」，透過分享個人對人物角色與生命歷程的觀察，開始思考自己在過去、現在與未來生活中的角色。

　　我們應該注意自己對各個生涯角色輕重的權衡，更要注意到什麼因素造成各種生涯角色的相對重要性的差異。追索到這裡，則生涯價值觀或人生觀的概念應可被涉及。換句話說，生涯規畫的過程中應該包括人生觀的探尋，並應進一步認識人生觀對生涯選擇的關係。

　　在閱讀心得分享的激盪中，同學們可能引發生涯角色和追尋生命意義的諸多思考。在過去的班次中，有同學就角色與關係立論，談網球高手山普拉斯和教練、女友的關係和感情。其實每一個關係正是一個相對待的角色，例如師生關係，就存在著學生和教師的角色。每天有多少關係的互動就有多少角色的扮演，從這裡可以提醒我們認識角色的多樣性，從而覺察自己的生涯角色。

　　在一個「吸血鬼」故事（Wrzecz, 1995）的討論中，有人注意到「即使是成為吸血鬼，在吸血鬼的角色之外，仍有照顧父母、育養弟妹的其他角色」。而吸血鬼在自問「我為什麼成為一個吸血鬼」之中，從而提高生涯角色的自我察覺。不斷的角色自我覺察，使吸血鬼得以更深入的體會角色扮演的意義，以及角色扮演的選擇意識，進而從吸血鬼角色中解脫得救。

　　吸血鬼的弟弟路易斯則認為一輩子當一位神父是好的、值得的，而希望成為神父而不是成為吸血鬼。從吸血鬼和弟弟路易斯的選擇來看，每個人一輩子要扮演些什麼角色，可能和個人的人生信仰、價值觀或認知有密切的關聯。愈能夠釐清自己的信仰或人生價值觀，愈能夠清楚自己要扮演些什麼角色，以及哪些角色是重要的。

　　也有人就生命的自我覺察立論，從三島由紀夫《假面的告白》（三島由紀夫，民 61），談人生的虛假和自覺，強調生命要從自我覺察算

起。在《駱駝祥子》（老舍，民 80）和《鹿鼎記》（金庸，民 80）的
故事中，有人悲憫祥子生不逢時的際遇，而韋小寶周旋於許多相對矛
盾的角色卻能悠遊自得的能耐，也正好可以呼應角色自省與選擇的重
要。駱駝祥子一輩子固然活得缺乏角色自省與選擇；但若缺乏角色自
省與選擇的智慧，韋小寶也不過是角色的奴隸。

　　有人就角色投注立論，談生命是只要認為值得就可以去做，要不
虛此行；有慷慨道出存在主義的可能陷阱，提醒同學要對生命有正向
的看法和期待，不可忽視生命意義的追尋。

　　有藉書中人的生命經歷，反思自己未來要走的人生道路。在追問
之下，說出進入研究所不是自己想要的生涯，自己要的是四年畢業之
後回到家鄉小鎮，擔任中學教師，教導青少年認識自己所生長的土地
和依存的文化根源。

　　這樣的一堂課應該有些像似《論語》先進篇所記的師生之會。子
曰「如或知爾，則何以哉」的一段師生對話正是讓子路、曾晳、冉有
諸賢自言生涯志向和生命意義的追尋。我想生涯發展與規畫的研習，
絕對不是認識一些表相名辭，或者沒有生命的角色組合遊戲。重要的
是讓我們體認生涯和生命意義的關係。從這個向度上，我們可以很簡
單的定義生涯，**生涯就是生命意義實踐的歷程**。

參考書目

老舍（民 80）：《駱駝祥子》。台南：大夏。

金庸（民 80）：《鹿鼎記》。台北：遠流。

許麗雯編譯，Wrzecz, P. 著（民 84）：《吸血鬼真命苦》。台北縣新店
　　市：文庫。

黃光國（民 77）：《儒家思想與東亞現代化》。台北：巨流。

張良澤譯，山島由紀夫著（民 61）：《假面的告白》。台北：晨鐘。

⎯⎯❦ 單元技術指引與討論 ❦⎯⎯

一、生涯主體性的覺察

　　社會大眾或媒體在討論人際或家庭衝突個案時，話題間很容易會提到當事一方的「責任感」。甚至在討論時下的青少年問題，也很容易出現「青少年責任感不足」的觀感。然而什麼是「責任感」？要如何增進責任感？如果看到青少年在電動玩具面前的兢兢業業，以及為了朋友什麼事都做得出來的傻勁，我們可能也會困惑「為什麼他們會缺乏責任感？」

　　當重新思考青少年或部分成人「責任感不足」的議題時，我們或許可以更細膩的區辨各種不同的「責任感」。在進一步從不同的面向觀照人們的「責任感」，並且將焦點放在「人生」或「生命」，那麼我們或許可以發現某些青少年或成人並不是「責任感不足」，而是「人生或生命的責任感不足」。用生涯輔導的概念來談，是「生涯責任感的不足」。生涯責任感不足，所以沒有為自己眼前和未來生活打算，不願為生活承擔責任。沿承「生涯意識」、「生涯覺察」的路線思考，追索「生涯責任感的不足」的根源，不難發現「生涯意識」、「生涯覺察」不足，導致個人不知為何而活。失去生命的主體性，也就失去了「生涯責任感」。

　　在學校教育的內容中，愈是剝除學生「生涯意識」、「生涯覺察」的經驗和機會，青少年愈可能失去生命的主體性，也愈可能喪失「生涯責任感」。從這個角度來理解青少年的「生涯責任感」，以及當前學校教育對「生涯意識」和「生涯覺察」的忽略，或許可以更明白「新新人類」的問題和困難。重新引發學生的「生涯意識」和「生涯覺察」

應是學校教育中的重要課題，本單元的旨趣即在於此。

　　在本單元中，參與者對「生命目標」或「生涯目標」的意識以及對於人生觀的思考深度會影響他對生涯角色探索的廣度，以及預想未來生涯型態的可行性和精緻度。從預想生涯型態的可行性和精緻度應可判斷參與者的參與程度。

　　在討論角色相對重要性時，我們不得不注意到，兩性之間的角色相對重要性的差異，以及性別刻板觀對於角色相對重要性思考的影響。而除了性別刻板觀外，兩性平權思想也可能影響學生的角色相對重要性思考。在和大學同事的討論中，筆者和同事共同注意到性別刻板觀和兩性平權思想同時影響著現代的女性知識份子。基本上，性別刻板觀和兩性平權思想是兩個相互對立的思想，這兩個想法同時影響著女性知識份子，也造成她們較多的角色衝突。

　　一位以自尊為長期研究主題的同事發現，女性的生涯價值可能較偏重「人際接納」導向，而不同於男性的「成就」導向。在獲取多項「成就」，如「擔任班代」、「膺選社長」、「考上研究所」之後，大學女生的自尊可能依然低落。兩性的生涯價值導向的差異可能形成自人類的育養方式，而值得注意的是兩性生涯價值的差異可能導致生涯發展型態（career pattern）的不同。以男性發展為主軸的發展理論，如 Erikson 的自我發展理論、Super 的生涯發展論中濃厚的男性生涯價值色彩是否適用於女性，也是當代發展理論中值得注意的省思。

　　將上述的反省引入生涯輔導，我們可以特別注意到張老師出版社出版的兩本書《中國男人的生涯觀─戰將與黑卒》（張老師月刊編輯部，民 79）和《中國女人的生涯觀─安家與攘外》（張老師月刊編輯部，民 79）。兩本書呈現出男性、女性截然不同的生涯型態。或許我們可以將兩種生涯型態詮釋為生涯角色調配、權衡不同的結果，也就是各個角色相對重要性思考差異的結果，而其間的導因則在性別角色刻板觀和兩性角色思考。本單元擬引領學生深入思考個人的角色相對重要性思考和對性別角色的想法；並進一步將這些思考和個人未來的

生涯型態相結合。

　　另一方面，職業角色在生涯中的關係或重要性也應該被討論。何以在討論生涯規畫時，我們很容易導入職業角色？不可否認，職業角色提供其他角色的經濟來源；甚至可能決定其他角色的空間。從這個角度，我們重視職業角色，但不需要將職業角色當成唯一重要的生涯角色。在進入職業角色之前，我們可以引領思考各個生涯角色的關係；對於已經大量涉入職業角色的成人，引領他們檢視職業角色和其他角色的關係，可以協助他們重新安排生活型態，得到新的釋放，而能夠以「愛其所擇」的心情，接納個人的生活型態。

　　所以，這個單元除了將生涯型態的自覺連結到角色及角色相對重要性之外，還要提供參與者思考「人活著是做什麼？」「我活著是做什麼？」等人生意義的探尋，才算完整。要以「人活著是做什麼？」「我活著是做什麼？」等人生意義的思考做為根源，生涯發展的思考才算完整。否則生涯規畫只是一些「遊戲」，而未裨益人生。

　　依循這樣的思考路向，筆者並不同意坊間一些生涯規畫的書冊簡單的將生涯進路當做是生涯規畫，甚至將「標會的計算公式」也都收錄其中。不錯，生涯之中是有經濟活動的層面，但不是所有關涉生活的題材都可以歸類到生涯規畫這個課題上來，要不然生涯規畫的題材就可以包山包海，包羅萬象，而成了大雜燴。生涯規畫要談的應是如何認識、選擇、組合各種生涯角色，構串生涯，實踐生命意義。而在各個角色上要如何扮演，則是在生涯規畫之外，個人要努力去充實的，這個充實努力的過程則是存在生活的每一個時刻，很少能有一本書教給我們完整的充實努力。

　　人生意義的探尋是個大題目、大目標，本單元的確讓人有愈發「為之不易」的感覺。在單元中強調「人生有夢，築夢踏實」的理想性。鼓勵參與者談人生，做夢也可以。就怕不敢做夢，或不願做夢，而變得沒有未來。第四單元仍要沿承這個夢與理想，賡續來談。

┌─────────┐
│ 參考書目 │
└─────────┘

張老師月刊編輯部（民 79）：《中國男人的生涯觀─黑卒與戰將》。
　　台北：張老師。
張老師月刊編輯部（民 79）：《中國女人的生涯觀─安家與攘外》。
　　台北：張老師。
劉淑慧（民 85）：人生觀─生涯領域錯失的一環。《輔導季刊》，32
　　卷，2 期，52-59 頁。

二、在之外或之內──
試論劉著（民 85）：人生觀──生涯領域錯失的一環

　　在單元指定讀書心得分享的激盪中，筆者轉而思索生命意義的探尋、生涯角色相對重要性、到生涯角色選擇的生涯規畫架構。換句話說，生涯規畫要以生命意義的探索做為起點。從生命意義的追尋，和角色的體認之後，才能去談到生涯角色相對重要性，關照到生涯角色相對重要性之後，才能從事生涯角色的選擇和組合。這樣的架構，正和劉淑慧（民 85）一篇討論人生觀在生涯輔導領域之重要性的文章（以下稱「劉文」）有著相呼應的觀點。

　　劉文強調傳統生涯輔導領域對人生觀的觀照不夠全面，「了解自己與環境」、「透過理性的抉擇與規畫」、「積極的實現具體目標」等傳統的假設，不一定能實現人生；而在認知、理性和具體目標之外，有著許多人生觀的因素影響著人們的生活和滿意；劉淑慧（以下稱作者）認為「如果生涯學者期待協助人們活出自己想要的人生，也許應該稍稍放緩導引人們理性的分析與積極的規畫的努力」。

　　劉文在嘗試探索傳統生涯發展／輔導學者較少觸及的課題──人生觀或人生價值的努力，的確值得重視。事實上從課堂閱讀傳記心得

的討論中，的確可發現人生價值在生涯思考上的重要性。在方法學上，劉文的研究過程本身即可為行動研究提供一個好的典範；研究者提出的人生觀架構雖是初步觀察的初探性架構，但也可以為生涯輔導工作者或個人釐清人生價值，提供一個相對周延的思考架構。對於劉文我仍有下述的不同意見。

　　劉文提出的架構不一定是人生觀的架構，而是人生觀陳述的架構。在這個架構中不是放入人們各式各樣的人生價值，做為區辨人們人生觀差異的尺碼；簡單的說，這不是一個評量架構。劉文提出的是一個人生觀陳述的架構；它說明人們在陳述人生觀時會有哪些內涵；而這些內涵可以分為哪些向度（注意不是人生觀有哪些向度，而是人生觀陳述有哪些向度）；以各個向度來看，人生觀陳述有哪些領域。依作者指出，受試者人生觀陳述的內涵可分就「具體／抽象」、「結果／歷程」兩個向度來觀察，並且可以得到生命歷程、生計目標、生活型態三個內涵領域。換而言之，個人的人生觀要從生命歷程、生計目標、生活型態這三個內涵領域來加以了解和釐清。在陳述或檢視人生觀時，個人可能受到時空環境或個人當下意識的限制，而只能著眼在其中的部分領域。

　　上述的人生觀架構，劉文自言是由「學生資料浮現」和「依邏輯推演而添加」的。浮現和添加都不免是自由心證的主觀。事實上，不妨當做是作者以其學養，提出的架構。作者計畫未來再更廣泛的收集資料驗證或修正所提出的架構，個人認為作者未來在研究上可以就架構的周延性和邏輯依據，補充更多的論據支持。

　　在劉文中，作者希望以「初步的觀察心得」所得的架構和「傳統生涯輔導領域的思潮相比」的目的似乎並未達成。即如作者所言，人生觀是傳統生涯輔導領域所缺，則比較就成了無的放矢。我認為劉文或可映照出傳統生涯輔導領域的不足；然而，更深切來看，傳統生涯輔導領域的確也提生涯型態（career pattern）和生命風格（life style）等概念，而個人風格類型理論的引入或許也是希望觀照個人生涯發展

的特質與原則。看到傳統架構或模式在詮釋人們生涯發展與規畫的不足，或許正是作者和當前許多輔導工作者，乃至筆者所關切的。如何修正生涯發展的傳統模式觀點，以更貼近人們生涯發展規畫的歷程則是我輩共同的課題。換句話說，人生觀不一定要放在認知、理性、具體目標之外，我們的課題是要如何涵納完整的人生觀進入生涯規畫的理論模式之中。這當然不是一個容易的課題，但顯然是一個必需的課題。

在從事生涯輔導或生涯規畫時，輔導員和個人應該全面、周延地關照當事人或個人的整體人生觀。而在模式的開發和研究上，如果作者提出的模式是可以接受的話，那我們要進一步思考的是如何來幫助人們釐清人生觀的完整內涵，是不是有一些活動可以引導人們更周延地釐清個人的人生觀，有沒有工具可以幫助個人評估人生觀。而更重要的是，這個人生觀的構念或者是架構在詮釋個人的生涯發展與規畫，是不是更貼切實況。這的確是一個有待實證資料驗證的主題，也是一個值得的研究方向。

參考書目

劉淑慧（民85）：人生觀－生涯領域錯失的一環。《輔導季刊》，32卷，2期，52-59頁。

白雲出處從無例

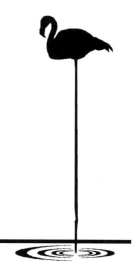

——❧ 單元目標 ❧——

引發生涯自主意識與責任，加入時間向度的生涯思考。

——❧ 活動說明 ❧——

介紹 Super 生涯彩虹概念，填繪「生涯彩虹圖」和「十年人生圖」，小組分享彩虹圖、人生圖與目前的考慮和抉擇。

——❧ 單元活動 ❧——

 在上一個單元，我們從傳記的閱讀中，看到傳記主人翁的不同生命際遇和生涯型態。我們也能夠明白，生涯規畫不僅止於「找工作」，追求安身立命的生涯，必然要觸及生活的目的和人生的需求。人生的需求是什麼？對不同的人而言，這個問題有著不同的答案，而最關心人的心理學家 A. Maslow 曾提出需求層次論（Maslow, 1968），試圖觀照人們的生命需求。

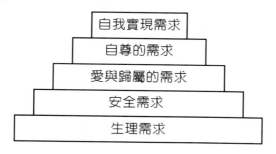

生命需求層次（A. Maslow, 1968）

這些需求對你有什麼意義呢？你曾關心自己的人生需求嗎？你曾經如何釐清或追尋自己的需求呢？分享可以加深探索，現在就讓我們有一個短暫的時間，分享彼此探索人生需求的經驗和心得。

在生命的舞台中，這些人生需求要如何來滿足呢？豁達如李白，笑言「今朝有酒今朝醉，明朝散髮弄扁舟」（李白‧將進酒）。但更多的人知道，為了實現人生的需求，在不同的生命階段，我們扮演了許多的角色。這些角色，滿足我們的需求，也帶給我們挑戰甚至困難。有些時候，我們甚至會懷疑是不是需要擁有某些角色。我們相信，生涯規畫的第一個課題就是生涯角色的規畫。

生涯中我們經歷許多角色，有些角色出現在生命的早期，例如兒童；有些則出現在生命的中期或晚期，例如退休者。有些時期我們只有單一的角色，有些時期則可能同時擁有多種角色。

　　美國輔導學者 D. Super 曾將不同的角色歸納為「兒童（子女）」、「學生」、「休閒者」、「公民」、「工作者」（包括自雇、受雇和兼差）、「配偶」、「家務者」、「父母親」和「退休者」（包括領取退休金、國民年金或子女奉養）等九種角色（Super, 1985）。某些人可能終其一生只擁有其中的某些角色，而不同的人也可能出現其他不同的角色，例如：兄弟姊妹、教徒（信徒）、愛人、改革者、義工、罪犯或受刑人等。我們可以用一個圈圈代表我們人生的一個角色，看看我們一生之中有多少個圈圈：

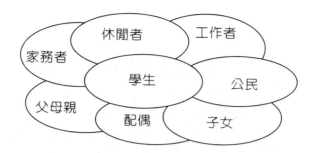

　　在一生之中，你為自己預定了多少歲月？要有哪些角色？某些生涯角色的重要性會不會因著歲月成長而起落消長？目前有哪些生涯角色是你積極投入的？有哪些角色是你想多所投入而不能的？又有哪些角色是你無法免除的？按著角色的相對重要性，我們可以給每一個角色圈不同的大小，以及前後位置的不同；接著我們先來勾繪自己的角色圈。

> 我的生涯角色圈（請參考前一單元中「我的傳記─前傳與後傳」）：
>
>
>
>
>
>
>

你列出了多少個角色圈呢？在時間的範疇裡，這些角色何時出現？而何時加重，何時減少其重要性呢？在不同的時期，每一個角色圈中，要有哪些目標（goals）或職務（jobs）呢？這些目標或職務需要投入多少份量的生命時間和力量呢？

雨過天晴，在水氣掩映之間，我們看到紅橙黃綠藍靛紫，色色分明的彩虹。仔細端詳，析出不同的顏色，人生多彩如虹，且以各種角色為顏料，我們是不是也可以畫出自己的「生涯彩虹圖」（如以下例圖）。

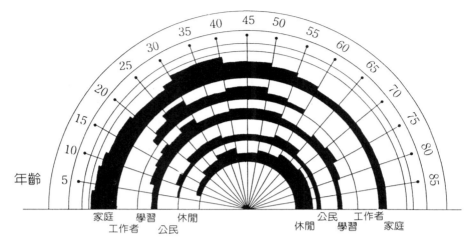

家庭　　學習　　休閒　　　　　公民　工作者
　　工作者　　公民　　　　休閒　學習　　家庭

　　　貞華　　　的生涯彩虹圖

接著，且讓我們著手彩繪自己的「生涯彩虹圖」。「彩虹圖」
上要有哪些角色呢？我們可以將角色圈轉爲角色光譜，將每
一個角色光譜填寫在彩虹圖的中間，每一圈光譜代表一個角
色。按著不同時期各個角色的重要性與份量，用粗細深淺的
線條塗在各個角色光譜上，代表在不同時間需要對不同角色
付出的心力和時間。角色重要性或份量的急遽變化則可以光
圈粗細的明顯改變表示。

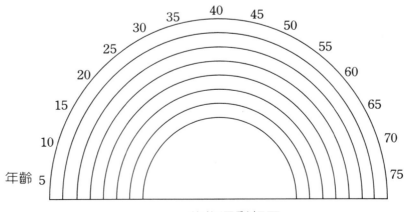

　　　　　　的生涯彩虹圖

是的，有沒有哪些時間段落塗得太黑，或哪些時間段落的空白太多。是不是意謂著在規畫中，這些時段太忙或過於空洞，要不要再做些調整。對自己的這幅「生涯彩虹圖」有何想法，要不要在課室中分享或討論？

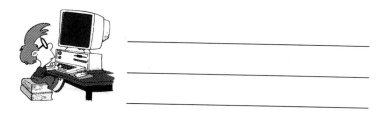

概括地畫出「生涯彩虹圖」之後，我們可以再具體構思未來十年的人生圖。先想一想，未來十年在不同的角色上，要完成的事情或目標是什麼（可參考第二單元的發展任務清單）？當然，在這十年當中，我們的大環境也會有或多或少改變，我們得先想想未來十年可能發生哪些事情，我們必須面對哪些問題，以及我們想要完成的事情或目標。

＊預估未來十年，我的環境可能發生的事件：

＊我預估，自己必須面對的課題：

＊在不同角色上，我想要完成的事情或目標：

學生

社區成員

休閒者

工作者

家庭

接著以預定完成的事情或目標為縱軸，時間為橫軸，將前列的事情或目標，逐次寫下，我們就可以繪出自己未來十年的人生圖。

_____未來十年的人生圖

時間（年代、年齡） 未來事件 與預定目標	西元	2000	2001	2002	2003	2004	2005	2006	2007	2008	2009
	年齡										

*西元與年齡兩項，可逐欄填寫現在起十年的西元紀年，和個人的實際年齡。

是的，有目標的生活是踏實的。知道自己缺的是什麼、要的是什麼，更需邁出步伐去實現。「生涯」是可以規畫，也是可以營造的。當然，我們仍會有些疑惑，在這些預定達成的目標之上，人生（生涯）更長遠的目標是什麼？要如何來確認長期生涯目標？對自己的了解是不是充分，而勝任選擇？後續的單元將討論這課題。寫下此刻的心情吧。

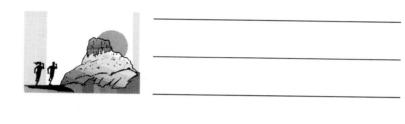

──✦ 單元技術指引與討論 ✦──

一、生涯幻遊活動的操作

　　本單元用意在於引發參與者的生涯自主意識與責任，以及加入時間向度的生涯思考，除了單元設計活動之外，多數「工作坊」中普遍使用「生涯幻遊」活動，也可做為本單元的替代活動。惟本單元設計活動的結構性較高，在紙筆操作和相互分享中，有較明確的方向指引，比較適合學生人數較多的班級活動。相對而言，「生涯幻遊」活動較為活潑有趣，參與者有更多的想像空間。如果能夠擁有足夠舒適的空間，可以讓參與者充分的放鬆；帶領者對於幻遊活動引導具備足夠的

經驗，經由「生涯幻遊」活動，也可以引發參與者的生涯自主意識與
責任，以及具時間向度的生涯思考。以下的生涯幻遊活動引導資料，
可供擬變化單元活動設計的使用者參考。

【生涯幻遊活動引導資料】

　　在未進入此單元的課程內容前，我們來想像一下未來三年、五
年、十年後的自己將變成怎樣的一個人。那時的你在哪裡做甚麼
呢？等一下我們要透過時空旅行的活動，帶你們到我們的目的地，
五年後的某一天，感覺一下那時的生活……。準備好了嗎？讓我們
一起進入未來生涯。

　　在輕柔的背景音樂聲中，以清楚、溫和聲音慢慢唸出下列的句
子，並注意應停頓語氣的地方，好讓同學跟隨進入幻想。

　　好，現在請你盡可能放鬆。在你的位子躺下或調整你覺得最舒
服的姿勢，注意我的指導語，幻遊過程中不要交談或發出任何聲
音，按照我的指示，盡可能將注意的焦點集中在你心中想像的圖像。

　　現在，閉上眼睛，盡可能放鬆自己（停頓），調整你的呼吸，
呼氣（停頓）、吸氣（停頓）、呼氣（停頓）、吸氣（停頓）。

　　好，保持這樣平穩的呼吸，接下來，放鬆身體每一部分肌肉，
放鬆（停頓）、放鬆（停頓）、放鬆（停頓）。

　　現在，想像你已經由時空旅行來到未來五年後的世界（停頓），
在五年後的某一天（停頓）。新的一天，你剛剛醒來。今天是甚麼
日子？現在，幾點鐘了（停頓）？你在哪兒（停頓）？你聽到甚麼
（停頓）？聞到甚麼（停頓）？你還感覺到甚麼（停頓）？有任何
人與你在一起嗎（停頓）？是誰（停頓）？

　　現在，你已起床了，下一步要做些甚麼（停頓）？現在，你正
在穿衣服，請注意，你穿些甚麼（停頓）？穿好衣服，你要做些甚
麼（停頓）？你的心情如何（停頓）？你想到些甚麼（停頓）？

　　現在，你正要去某個地方，回頭看時，你剛才離開的地方像甚麼？你出門了，你乘坐甚麼交通工具（停頓）？有人和你在一起嗎（停頓）？誰呢（停頓）？當你走時，請你也注意周遭的一切？

　　後來，你到目的地了。你在哪裡（停頓）？這地方像甚麼（停頓）？你對這地方的感覺如何（停頓）？你想到些甚麼（停頓）？在這兒你要做些甚麼（停頓）？旁邊有人嗎（停頓）？有的話，與你是甚麼關係（停頓）？你要在這逗留多久？

　　今天你還想去別的地方嗎（停頓）？在這一天當中，你還想做的是甚麼（停頓）？

　　現在，你回家了，有人歡迎你嗎（停頓）？回家的感覺怎樣（停頓）？你如何與家人分享這一天所做的事（停頓）？你準備去睡了。回想這一天，你感覺如何（停頓）？你希望明天也是如此嗎（停頓）？你對這種生活感覺究竟如何（停頓）？過一會兒，我將要求你回到現在，回到教室來。

　　準備好了嗎（停頓）？好了，你回來了（停頓）。睜開眼睛，看看周遭的一切，歡迎你旅遊歸來。現在將這一趟旅遊的過程用你的方式描繪在紙上。

　　現在請你與你的同學分享你所描繪的圖像所代表的含意。在生涯幻遊活動當中，你能發現每個同學對自己未來的期待及生活方式都不太一樣嗎？雖然五年距離現在還有一段時間，但未來的生活是現在時間及努力的延伸所形成的，思考未來，有助於自己去反省現在，並找到自己的生活目標。

　　在與別人分享時，你對於別人的生活有何看法？你喜歡自己的生活還是羨慕別人的生活？要如何實現自己理想的生活呢？你的理想與現實能配合嗎？做完以上的活動之後，你的感覺如何？請你把它寫下來。

二、本單元是手冊「生涯覺察」各單元的總結

　　本單元是前面三個（第一、第二、第三）單元的總整理。換句話說，本單元與前面三個單元，合成為生涯發展手冊的第一篇。本篇的主要目的在於介紹生涯規畫的概念，提高參與者生涯自主的意識和時間向度的引入。

　　第一單元從 Erikson（1968）和 Marcia（1980）對生涯定向的觀念以及國內外對大學生生涯定向的研究發現，來談生涯定向的重要與必要，進而介紹課程，同時說明課程的性質，算是入門。第二單元引導參與者觀照目前的發展任務，漸次帶入生涯的觀念。第三單元提出生涯型態和角色相對重要性的概念，希望透過「傳記的閱讀與討論」，幫助學習者增加「生涯角色的多元性」以及「生涯自主與責任意識的覺察」。也希望經由時間向度的加入，讓參與者增加「生涯」概念的具體性，和「生涯可規畫性」的信念，以及生涯規畫必要性的覺察。

　　當然，第三單元是一個相當關鍵而必要的單元，在傳記閱讀和討論的引導中，如果參與者不能用心參與，完整而深入的閱讀並提出心得討論，則不容易達到增加「時間向度」，增加「生涯」概念的具體性，和「生涯可規畫性」的信念，以及生涯規畫必要性的覺察。換句話說，惟有參與者深入「人家是怎麼活的」，才會引發「我要怎麼活」的思考動力。所以在第三單元的課前作業應做嚴格的要求，要慎選閱讀書籍，要撰寫規定字數的心得報告，還要做課前收繳作業。

　　第三單元的閱讀作業之後，討論的導引也是同樣重要的。在引導上要讓參與者觀照到傳記主人翁經歷的生涯角色，以及不同時期生涯角色的消長，從而探尋導致生涯角色消長的事件和因素，並參與余德慧等人的架構，幫助參與者歸納不同的生涯型態。從這裡再回到讓參與者用角色的概念，看自己過去和現在經歷的角色，哪些事件和因素影響自己的角色消長，這些因素未來的影響為何？未來的生涯型態是

什麼？最後可用 Super（1980）提到的「生涯是一生中不同時期所扮演的各種不同角色的組合」之定義，把角色和生涯連結起來，而導入生涯的主題。當然，與第三單元目標有關的這些變項，是否可能達到，是有必要加以實證檢視的。

到了第四單元，可以是前二個單元的整理和具體化，時間向度的觀點和生涯型態偏好的想法，在這裡要用生涯彩虹圖來具體思考不同時間生涯角色的分配和消長。所以，在這個單元一方面非常倚重前一單元的生涯自主意識，同時也就前一單元的生涯意識再做深化。在這個單元中，更清楚的說明角色概念是非常重要的（在第三單元的「單元技術指引與討論」中，略有角色概念的介紹）。而 Super（1980, 1985）所提到的各個角色及其意涵也要做清楚的說明，以免引起誤會。例如兒童的角色不是指十二歲以下的人，而是指包括為人子女的行為期待和表現；休閒者的角色愈來愈受到重視，而被賦予再創造的（re-create）的意涵，諸如旅遊、看電影、聽音樂、捏陶，甚至是悠閒的靜思……等活動；而公民的角色則包括社區參與的各種角色和活動，這裡所謂的社區可包括不同層次的區域和情感組合，如學校的社團、街坊的社區委員會、住家附近的學校，甚至鄉鎮、縣市國家等等，在這裡可以鼓勵參與者多注意此一角色在滿足自我實現上的重要。

誠如 Super（1980）所指出的，對不同的人而言，角色應有不同的意義和類別範疇。有些時候我們也可以用「其他角色」涵蓋個人較忽略的角色活動和功能。例如有人願意強調宗教活動對個人的意義，則其他角色可以是宗教角色；有人強調愛情體驗，則可以是愛人角色（Super, 1980）。

生涯彩虹圖可以讓參與者具體的思考生涯發展與生涯型態的偏好，接下來的人生十年圖則可以更細部的來想要完成哪些角色目標，以達成偏好的生涯型態。

人生圖的目標要想得具體，可以就各個角色需要完成或想要完成的事情或目標分別來看，在這邊通常要注意參與者是否很具體的思考

要不要有這些目標，而且要更具體的列出目標來。例如：在三十五歲前賺到人生的第一個五百萬，就比賺很多錢具體；又「在三十歲時完成教育研究所碩士學位」就比「唸完研究所」具體。通常參與者可能會「不好意思」寫出心裡面真正的夢，也不認為夢是可能實現的。這個部分是需要加以鼓勵的，所謂「煮酒論劍」、「築夢踏實」，經過鼓勵，我相信每個人都會有夢的。在十年圖中，愈具體的列出生涯目標，愈能夠有效引導生活中的努力，讓自己可以清楚看到發展的目標和方向，也具有方向感，愈不會徬徨，愈有助於活動目標的達成。在這邊可以學生列出的生涯目標之明確具體程度，做為學習評量的標的。

總之，這個單元是一個總結的單元，隨著單元的推進，活動討論思考的重點也漸趨具體、細部化，而最後以個人十年內的人生目標做為歸結，並以生涯目標的明確具體程度做為評量其生涯自主意識的指標。在本單元愈有明確具體的生涯目標之參與者，愈敢於為自己勾勒生涯目標，其生涯自主和自我負責的意識也愈高，愈多的學生愈有明確具體的角色目標，則表示課程的目標達成度愈高，課程的成效愈佳。

最後，教師可以參酌本文所述，簡要說明本篇三個單元的大要，並徐徐引出後續單元的內容。

參考書目

Erikson, E. H. (1968). *Identity: Youth and crisis.* New York: Norton.

Marcia, J. E. (1980). Identity in adolescence. In J. Adelson (Ed.), *Handbook of adolescent psychology,* 159-187, New York: John Wiley & Sons, Inc.

Maslow, A. H. (1968). *Toward a psychology of Being.* NY: Van Nostrand Reinhold.

Super, D. (1980). A life -span, life-space approach to career development. *Journal of Vocational Behavior, 16,* 282-298.

Super, D. (1984). The relative importance of work：models and measures for meaning data. *The counseling psychologist, 10:4*, 95-103.

Super, D. (1985). New dimensions in adult vocational and career counse-
　　ling. ED 261 189.

──❧ 問與答（Q 與 A） ❧──

問：生涯彩虹圖能夠看出我們對生涯的想法嗎？

答：在畫生涯圖時，有些人他很貪心，把生涯圖畫得黑黑的，他的每
　　個角色都很重要，四十歲那年，哇！不得了，家長的角色，工作
　　者的角色，社區公民的角色，他都畫得濃重的不得了，想想這是
　　不是太貪心了？也有些人畫的彩虹圖，每一層角角色都淺淺淡淡
　　的，到底他的生命想要怎麼樣措置呢？值得我們進一步關心。畫
　　完之後，你也可以想想，未來十年會發生什麼國際大事、國家大
　　事、家庭大事，這些大事和我的生涯彩虹有何關係？說不定它是
　　有關係的。

　　　　還有，十年之中，自己會不會發生什麼情況？結婚，什麼時
　　候結婚？這些事情讓我們開始來想。未來十年你要做什麼事，這
　　十年是個很重要的十年，對一個大學生來講，可能很多新的角色
　　都在這十年開始。填上年齡會使環境變動和個人發展的考量結合
　　起來，比如今年，你多少歲，會有些什麼事情，需要去面對哪些
　　事情，有哪些目標，把它一項一項列在座標內，打算什麼時候去
　　完成。這樣子畫一畫，模糊的感覺還是在，因為它畢竟還沒有真
　　正去做，但是，比那些從來沒去思考的，會來得有條理些。

問：個人的人生價值觀是不是會影響生涯規畫？

答：有些人談休閒價值觀、工作價值觀，乃至政治價值觀，這些價值
　　觀可能是屬於人生價值觀，或受到個人人生觀的影響。但從一些
　　具體事物的價值觀回頭也可以了解、甚至改變人生觀。例如，具

有灰暗人生觀的人，覺得生命很灰暗，如果您願意從生涯這個角度來講，這個覺得生命很灰暗的他對生涯是看到什麼東西，他到底曾不曾有機會去看到他的生涯，那讓他去多看到他的生涯，讓他畫畫生涯彩虹圖，會不會有幫助？我的意思不是說一定有幫助，但也不見得就不會有所助益。

如果他的確比較沒機會去看到他的生涯，或者只能看到眼前相當短窄的部分，的確容易趨於灰暗。如果能看到他更長的生涯，是不是會改善，我不知道，我們或可期待。但問題也可能出在別的地方，比如說他過往的一些經驗，這些經驗影響到他對生命的看法，乃至於灰暗是因為她和她的男朋友分手了，那可能就要從另外一個角度來探索，這樣灰暗的人看到的生涯是什麼？有沒有仔細去看過他的生涯？

問：需求層次、人生觀和生涯型態之間有何關係？

答：不同層次的需求帶出了我們的人生價值觀；人生價值觀帶出了我們對人生各種角色的重視程度。不同時期的不同角色的組合就構成了我們的生涯型態和全部。

第五單元

生涯規畫有頭緒

——❈ 單元目標 ❈——

認識生涯規畫模式。

——❈ 說明活動 ❈——

以生涯規畫模式，概述生涯規畫的相關課題；並引出本方案後續單元的設計旨趣與活動概要。

——❈ 單元活動 ❈——

 每個人的生涯型態都有其獨特性。證諸實際生活經驗的反省，我們不難發現，人們終其一生都在選擇、準備與實踐個人生涯型態與生活方式。每個人都可以透過生涯發展的評估、選擇、準備與計畫，彰顯個人獨特的生命意義。

 生涯規畫不僅指單一人生目標的確立，更意謂著不同時期不同的生涯角色，諸多生涯目標的選擇與建立；生涯規畫不是單一的事件。完整的生涯目標規畫通常必須包括一系列知己知彼和行動的歷程，其間包括：

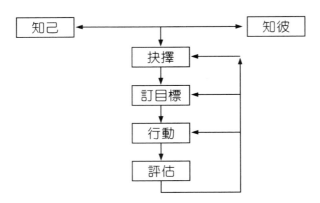

圖 5-1　生涯規畫理性模式

當然，面對一生中諸多生涯目標，人們不一定都會經過前述完整的生涯規畫歷程。有些人從「自己的特質」出發來決定生涯目標。如，知道自己看重聲望，所以就決定考研究所，以追求較高的學歷；知道自己看重經濟收入，而定下「年收入百萬」的職業目標；這些人是從「自己的特質」來決定生涯目標。有些人看到大學教師享有崇高的社會聲望和愜意的生活（誰知道星期天還在研究室打拚的辛苦），而興起有為者亦若是的念頭，而以大學教師作為生涯目標；看到雜誌上寫著軟體工程師的種種，就打算參加青輔會的電腦第二專長訓練，看到成人教育研究所的招生海報，就有報考成人教育研究所的生涯目標，這是從「教育與職業資料」角度來做生涯目標的決定。有些人因為父親交代「書好好唸」，不要出事，畢業到自家公司從業務經理做起，就決定了業務經理的生涯目標；有些人聽到中共的飛彈演習消息就決定移民；有些人看到國中教師甄試各類科的名額分佈，就決定選修輔系，這些人是從「環境」的角度來決定生涯目標。

看起來，人們決定生涯目標所著重的面向是可能或多或少不同的。但大體上，可以歸納為「自己的特質」、「教育

與職業資料」、「自己與環境的關係」三個面向。在你認識
的朋友中，你知道他們是如何決定生涯目標的嗎？

　　美國伊利諾大學教授 Swain 博士即涵納「自己的特質」、
「教育與職業資料」、「自己與環境的關係」三個面向，提
出一個生涯規畫模式（金樹人，民 80）。

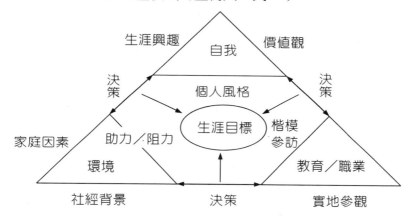

圖 5-2　大學生的生涯規畫三角模式

在本手冊的前面單元中，我們逐步整理了未來十年的生涯目
標，你要不要再次把這些生涯目標列出來，和鄰座的朋友一
起來省視這些生涯目標是如何形成的，他們主要是基於哪些
面向的考慮，而忽略了哪些面向的考慮。

形成的生涯目標	為什麼有此目標	著重的角與面	忽略的角與面

從一個理想的模式來看,所謂的生涯規畫即是指個人在生涯發展歷程中,對個人各種特質或職業與教育環境資料進行生涯探索,掌握環境資源,以逐漸發展個人的生涯認同,並建立生涯目標;在面對各種生涯選擇事件時,針對各種生涯資料和機會進行生涯評估,以形成生涯選擇或生涯決定;進而以擇其所愛,愛其所擇的心情,投注其生涯選擇,承負生涯角色,以獲致生涯適應和自我實現。

當然,完整的生涯規畫需要同時均衡兼顧到「自己」、「教育與職業資料」、「自己與環境的關係」三個面向的各個要素。我們提出生涯規畫模式,一方面提供你重新審視個人生涯目標的適合性,同時也做為本課程規畫及單元設計的依據。在本單元中,我們願意以 Swain 博士的規畫模式,結合大學生的發展現況,和你一起來談「大學生的生涯規畫衍生模式」(如圖 5-3)。

　　在這個衍生模式之中,我們除了兼顧「大學生的生涯規畫三角模式」強調之「自己的特質」、「教育職業資料」、「自己與環境的關係」三個面向的探索,更強調生涯覺察的重要性。以生涯覺察做為生涯規畫的前期工作,再行導入自我探索,以規範後續生涯探索的範圍。在教育與職業,以及環境資源的探索之外,個人可以將生涯選擇再縮限到更小的範圍,形成不同的生涯選擇方案;並針對生涯選擇從事資源的拓展,和能力的補充、實現這一個階段的生涯目標。而後,再行引發下一階段生涯規畫的生涯覺察。故而生涯規畫應是一個持續循環的歷程。

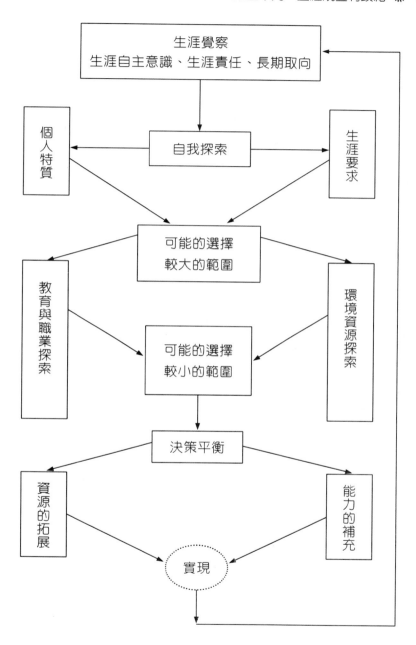

圖 5-3　大學生的生涯規畫衍生模式

在課程規畫上，我們以金三角的上角「自我」做為生涯規畫的起點，在本單元之後，有分別針對「人格類型」、「個人風格」、「價值觀」三個單元的自我探索活動。在自我探索之後，我們把探索的資料做一個整理，第十單元是針對 Swain 生涯規畫模式角的右角「教育和職業資料」，參酌個人暫定的生涯目標，進行教育與職業資料的收集與評估。第十一單元是針對左角「與環境的關係」而設計，用以評估個人生涯規畫的基礎資源。第十二單元則是針對「金三角」至核心圓的引線「決策」而設計，用以提供生涯決策練習。第十三單元和十四單元則著重經驗回顧和生涯計畫的檢討。希望繼續本方案的活動。此刻，或許有些心得是可以寫下來的。

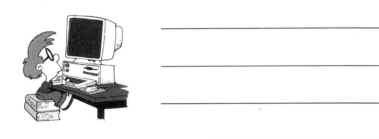

參考書目

金樹人（民 80）：大專生涯規畫課程的實施－以美國伊利諾大學香檳校區為例。《學生輔導通訊》，14 期，25-29 頁。

⚜ 單元技術指引與討論 ⚜

動態的生涯規畫歷程

　　生涯規畫是一套系統性思考和方法，它從知己、知彼為起點，進而權衡抉擇、訂目標，採取行動、達成目標並評估效果，再回到新的規畫起點。

　　就其運用言，生涯規畫的目標在於生涯發展的實現，而個人生涯發展則是同時受到外在情境、社經及歷史因素，以及個人內在生理與心理因素影響的動態。故而，生涯規畫不應視為單一靜態的事件，而是運用此一系統方法的動態歷程。

　　在生涯規畫的動態過程中，個人隨著與外在環境的互動，以及主客觀因素的釐清，而逐漸形成其生涯期待和長短期的生涯目標，做為其後續探索和準備的指引。在實徵研究中（林清文，民 83），發現缺乏生涯期待或長短期的生涯目標，的確是部分生涯不確定（career in-decisive）大學生的困擾所在。協助大學生突破困境，形成生涯期望和長短期的生涯目標是大學生生涯輔導工作的重要課題之一。

　　所謂生涯期望，是指對生涯發展條件的主觀設定。例如，時下戲謔求職條件所謂「錢多事少離家近，午覺睡到自然醒」，就是含括某些條件的生涯期望。而生涯目標並不同於生涯期望；生涯目標是指基於生涯期望，而區隔、辨識出來的標的（target），做為生涯努力的指引。例如，「成為一位中學教師」、「成為一位家庭主婦」、「成為一位大眾傳播專業人員」即是基於某些生涯期望而形成的生涯目標。

　　一般而言，生涯期望的條件設定愈多，符合期望的生涯目標的範圍就愈窄小，生涯期望與生涯目標之間具有密切的互動關係。然而，

將生涯期望和生涯目標加以混淆，甚至以生涯期望替代生涯目標，則極有可能導致生涯探索和生涯準備的模糊失焦。

以時間向度的不同，生涯目標可以有長期生涯目標和短期生涯目標之分。長期的生涯目標則需要同時兼顧更長時間的個人和環境因素，而必須具備更多的彈性（Gelatt, 1988），短期生涯目標通常需要以長期生涯目標做為依歸，才能夠整合、明確而有動力。例如，「考研究所」、「參加服務性社團」、「結交異性朋友」、「找家教」即是在大學生涯中的短期目標。

隨著身心特質的發展與自我覺察，大學生可以漸次形成數個暫定的長期生涯目標，做為建立短期生涯目標的依據，引導個人尋求生涯探索和準備努力。在生涯規畫的動態歷程之中，長期生涯目標的形成與具象既不是「一體成型」，也不是「無可移異」，而是邊走邊修，逐漸浮現定型，正如同「酒麴」一樣。在生涯規畫的動態過程中，個人也要允許自己隨時澄清生涯期望，形成若干試用的生涯目標（tentative career goals）。

相對於前面幾個單元，這個單元是比較冷硬的，活動的進行不再如此熱烈愉悅的分享，而是要求參與者更深刻的自省。譬如，在「省視生涯目標的形成」活動中，參與者需要反省目前的一些生涯目標，例如「考研究所」、「結交異性朋友（男、女朋友）」、「修英文輔系」等。為什麼有此目標？這個目標值得嗎？要不要改變（增加或減少）既有的生涯目標？

到底哪些生涯目標是要保留的？哪些生涯目標的基礎不穩固？如何「建構或發現」適切生涯目標？本單元承前面三個單元，從生涯憧憬到生涯目標的質疑，正好可以做為後續單元談生涯規畫的橋梁。

—————❀ 單元補充資料 ❀—————

畢業情怯？
——與畢業生談生涯規畫

畢業前夕的煩惱

　　轉眼之間，第二學期期末考試就要到來，所謂「鳳凰花開，驪歌聲動」，細數畢業的日子，本該是充滿喜樂等待的心情，然而不知怎的，心裡面卻有著一股莫名的迷惘和焦躁。是離愁？抑或是對未來的徬徨？眼看著還有一個月就要畢業了；卻一直不知道接下來該怎麼走。就業？還是繼續唸書？就算要繼續唸書？是要考研究所，還是出國呢？談到就業，問題就更多了？要從事什麼職業？什麼職業才適合自己？一直弄不清楚自己到底喜歡什麼？想要追求的又是什麼？過去雖曾有些打工的經驗，也大致聽過各行各業的形形色色，然而卻未曾實際有具體落實的規畫，眼前畢業在即，面對一知半解的職業世界和未知的前途，心中不免迷惑。我該怎麼辦？

輔導老師的回答

　　在校園中，「生涯定向」或「生涯規畫」的問題是大專學生常見的困擾與壓力來源。考上學校之後，接下來何去何從呢？從幼稚園、國小、國中、高中到大學，一個階段接著一個階段、「按部就班」下來，少有思索、喘息的機會，沒有足夠的時間與刺激去思索自己究竟喜歡什麼？要追求什麼？而這些問題似乎都必須在畢業前夕得到一個答案，因此這種對自己前途感到茫然，不知何去何從的徬徨心情也最

常見於校園中即將畢業的高年級學生身上。

　　其實，即使學校畢業而後進入工作世界，也常有某些人依然有著不知是否「搭錯車」的疑惑與掙扎。而造成這些升學前的茫然、徬徨，與畢業後的困頓、疑惑，其原因可能是：⑴對自己不了解：自己能讀（做）什麼，不能讀（做）什麼？對自己的興趣、個性、價值觀等沒有足夠的了解。⑵對升學科系和工作世界不清楚：可選擇的升學科系有哪些？學習環境如何？科系性質如何？畢業後的出路如何？需具備什麼能力或條件？社會上有哪些行業？工作內容為何？需具備什麼能力或條件？對這些問題不夠了解。⑶自己與職業世界不知如何媒合、如何做決定。⑷缺乏適應新工作、新環境的能力。概括來說，這些都可歸類為「生涯規畫」的問題。

　　嚴格而言，「生涯規畫」涉及的範圍應不僅止於工作這一層面。「生涯」一詞所指的是個人一生教育、工作、能量的總合；簡單的說，「生涯規畫」就是利用個人生活上的經驗來尋覓其人生的方向，走自己該走的路。基本上，「生涯規畫」最重要的就是確定自己的性向、充實自己的知識、訓練自己的技能，然後選擇一份適當的工作，實現自我的歷程。目前，你（妳）不妨先就自我探索、職業探索和環境資源的掌握等方面逐步發展自己的生涯規畫：

㈠對自我的探索

1. 了解個人所追求的生活型態

　　個人所選擇的職業會影響其生活型態，不同的職業決定個人在什麼樣的環境下工作、和什麼樣的人共事，以及每天的作息如何，休閒型態如何，家庭生活如何等等。因此，釐清自己未來生活型態的理想，有助於就讀大學科系的選擇。

2. 了解自己的興趣

　　無論是求學或就業，能適合自己的興趣，則效率必高而且能保持身心愉快。故而科系選擇和生涯規畫必須要考慮個人對各種事物或活動的喜好、偏愛情形。例如，「喜歡從事學術研究」的人和「喜歡從事實務工作」的人在「生涯規畫」上可能就會有很大的不一樣，前者可能考慮大學畢業後繼續深造，培養研究能力；後者則可能考慮直接投入工作世界中。此一差別就會影響到大學科系的選擇。

3. 了解自己的能力

　　自己目前能做什麼，不能做什麼，在哪些方面較突出；過去或目前的功課哪些比較強，哪些比較弱。一般而言，社會上多數專門職業的就業能力都需要相當時間訓練。

4. 了解自己的工作價值觀

　　對於「工作」，你看重什麼？「待遇的高低」、「升遷的機會」、「繼續進修的機會」、「充分兼顧家庭」。不同的職業，滿足不同的人生價值，你希望在未來的職業當中得到什麼，也是「大學科系選擇」或「生涯規畫」中，必須考慮的要素。

5. 了解自己的性格

　　所謂性格，就是個人對人、對己、對事物等各方面的適應時，在其行為上所顯示的獨特個性。了解自己這些性格上的特性，甚至於個人的需求，將更有助於清楚且明智的選擇職業。例如，善於人際應對的人適合政治、貿易與管理類的職業；文思細膩、感情豐富的人適合選擇文學、翻譯的職業。

㈡對職業與教育資料的探索

　　包括職業訊息的了解與對工作世界的認識；在了解職業訊息方面，需要思考探討的問題也不少，像是自己目前擁有哪些可供選擇、可嘗試的機會；考慮中的各項職業的工作條件、環境、資格等。在職業訊息的掌握方面必須透過個人的主動出擊，蒐集訊息或請教該領域的師長、前輩、實務工作者來增進自己的了解。若發現個人能力不足時，則可透過學習的管道予以補足。

　　認識工作世界的管道包括：蒐集職業資料（如報章、雜誌、各種就業快報、青輔會出版之「青年就業通報」、「大學科系專長介紹」、勞委會之「行職業介紹」等或是校內就業輔導室之各種資料等），舉辦座談會，邀請相關領域之從業人員做經驗分享。進而配合個人的需求，主動尋求資訊，然後做客觀的探索與分析。必要時也可至學生輔導中心或相關單位尋求個別輔導。

㈢對環境資源的掌握

　　生涯規畫不能僅止於個人資料與職業或升學資料的媒合，而應善用個人的基礎資源，增進生涯發展。包括父母、家人、師長朋友的期許和協助，社會資源的助力，來自不同意見的限制和阻力，乃至個人的經濟和知識資源等是具體落實生涯規畫不可或缺的思考層面。一般而言，在個人生涯規畫過程中可以引用的基礎資源包括：人脈資源、經濟資源和相關知識。

　　總之，生涯計畫是一個不斷改變的過程，個人在過程中評估自己的能力及價值系統，以與實際環境的需求結合。如果能夠隨時關切自己的生涯規畫，注意與自己及環境有關的資訊，就有可能做出一個最適合自己的決定。然而，若一時之間，仍無法做出確切的生涯選擇，則不妨保持開放的態度，讓自己保有更多的生涯探索空間。

輕沙走馬路無塵

——✦ 單元目標 ✦——

探索個人人格類型。

——✦ 活動說明 ✦——

　　介紹 Holland 人格類型模式；進行「最喜歡做的三件事」、「抓周」、「新生舞會」活動及小組分享，探尋個人的人格類型。

——✦ 單元活動 ✦——

　　美國生涯輔導學者 Holland 博士認為「個人的生涯選擇雖然受到環境機會的影響，但並非隨意事件，而是其人格的展現」。在現實的生活環境中，我們的確可以發現相同職業的從業者有較相似的人格類型和反應方式。試著用歸類的思考方式，在日常生活的用語和描述中，我們也可能使用「我沒有藝術細胞」、「他是個做生意的胚子」、「我不是做研究的料」、「老李是個很實用型的人」、「阿陳天生是個交際科長」……，在談話間，不同類型人們的人格特質、興趣、偏好，乃至其價值觀，似乎已生動鮮明的刻寫在話語間，而從事不同職業類型所需要的人格特質也已躍然而現。

　　Holland 認為大多數人大致可以區分為六種人格類型，包括：實用型、研究型、傳統型、社會型、企業型、藝術型。各人格類型有其相應的人格特質、興趣、價值觀；而與人格

　　類型相應的職業世界，也可以歸納為六種職業類型（如表6-1）。人們皆尋求足以發展其能力、展現其人格特質（態度）與價值觀的環境。Holland相信，生涯的穩定和滿意正植基於個人人格類型與工作環境的符合度。是的，我們何不借用Holland的架構，探索自己的人格類型。

表6-1　各類型人格傾向與典型職業對照簡表（酌採自林幸台，民76）

類型	人　格　傾　向	典型職業
實用型 (R)	此類型的人具有順從、坦率、謙虛、自然、實際、有禮、害羞、穩健、節儉、物質主義的特徵，其行為表現為： 喜愛實用性質的職業或情境，以從事其喜好的活動，避免社會性質的職業或情境。 以具體實用的能力解決工作及其他方面的問題。 自覺自己擁有機械和動作的能力，而較缺乏人際關係方面的能力。 重視具體的事物或個人明確的特性，如金錢、權力、地位等。	一般勞工、工匠、農夫、機械員。
研究型 (I)	此類型的人具有分析、謹慎、批評、好奇、獨立、聰明、內向、條理、謙遜、精確、理性、保守的特徵，其行為表現為： 喜愛研究性質的職業或情境，避免企業型職業或情境的活動。 以研究方面的能力解決工作或其他方面的問題。 自覺自己好學、有自信、擁有數學和科學方面的能力，但缺乏領導方面的才能。 重視科學。	工程師、化學家、數學家。

（承上表）

類型	人　格　傾　向	典型職業
藝 術 型 （A）	此類型的人具有複雜、想像、衝動、獨立、直覺、無秩序、情緒化、理想化、不順從、有創意、富有表情、不重實際的特徵，其行為表現為： 喜愛藝術性質的職業或情境，避免傳統性質的職業或情境。 以藝術方面的能力解決工作或其他方面的問題。 富有表達力、直覺、獨立、具創意、不順從等特徵，擁有藝術與音樂方面的能力（包括表演、寫作、語言）。 重視審美的特質。	音樂教師、詩人、小說家、舞台導演。
社 會 型 （S）	此類型的人具有合作、友善、慷慨、助人、仁慈、負責、圓滑、善社交、善解人意、說服他人、理想主義、富洞察力的特徵，其行為表現為： 喜歡社會性的職業或情境，避免實用型的職業或情境。 以社交方面的能力解決工作及其他方面的問題。 自覺喜歡幫助別人、了解別人、有教導別人的能力，缺乏機械與科學能力。 重視社會與倫理的活動與問題。	傳教士、輔導人員、教師。
企 業 型 （E）	此類型的人具有冒險、野心、獨斷、衝動，樂觀、自信、追求享樂、精力充沛、善於社交、獲取注意、知名度高等特徵，其行為表現為： 喜歡企業性質的職業或情境，避免研究性質的職業或情境。 以企業方面的能力解決工作或其他方面的問題。 自覺有衝勁、自信、善社交、知名度高、有領導與語言能力，缺乏科學能力。 重視政治與經濟上的成就。	推銷員、企業經理、政治家。

（承上表）

類型	人　格　傾　向	典型職業
傳統型(C)	此類型的人具有順從、謹慎、保守、自抑、服從、規律、堅毅、實際、穩重、有效率、缺乏想像力等特徵，其行為表現為： 喜歡傳統性質的職業與情境，避免藝術性質的職業與情境。 以傳統方面的能力解決工作及其他方面的問題。 自覺喜歡順從、規律，有文書、數字能力。 重視商業與經濟上的成就。	銀行助理、行政助理、會計員、出納。

 課業、社團、研習、打工、種種的人際活動和夾雜其中若有似無的個人獨處時間，幾乎砌成大學生活的「忙與盲」。此時，或可摒擋一切，在了無限制的情形下，想想我最喜歡做的三件事……，寫下來之後，試著和鄰座的朋友分享，並且採用「人或事物」、「數據或觀念」兩個向度座標（如圖6-1），一起分析這三件事情的性質。看看它們屬於哪些向度。

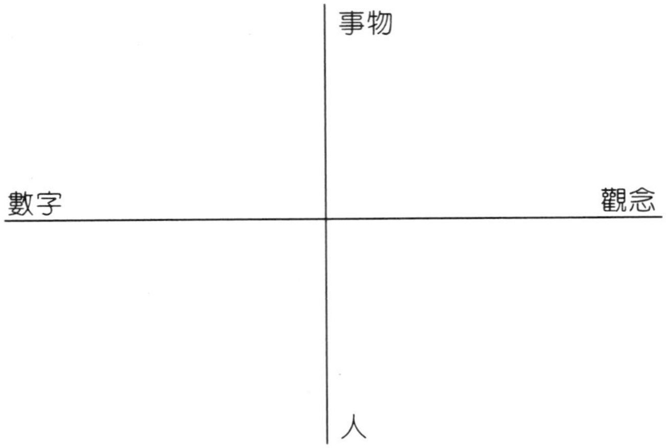

事物

數字　　　　　　　　　　　　　　　　觀念

人

圖6-1　人或事物、數字或觀念向度座標圖

3 接著，我們可以將「人、事物、數字、觀念座標」疊上「人
格類型六角圖」（如圖6-2），看看我喜歡做的三件事分別屬
於哪些類型。當然，鄰座的朋友樂意分享彼此的看法。

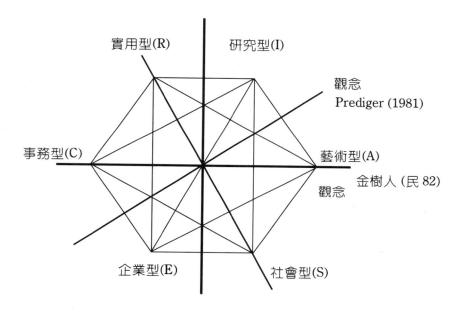

圖6-2　Holland 類型論圖說

4 在古老的習俗中，長輩們喜慶嬰兒周歲，更為嬰兒準備「抓
周」儀式，來預知新生代的將來。「抓尺」的是匠人、「抓
算盤」的是商人、「抓胭脂」的註定一輩子在脂粉堆中討生
活……。接著，就讓我們一起來進行「抓周」儀式吧。以下
有六個象徵物：「扳手」、「試管」、「口琴」、「麥克
風」、「洋囡囡」、「原子筆」。每一個象徵物旁邊都有一
個錦囊，說明象徵物的意義和選取者的將來前途。要選哪一
個呢？

1 扳手（實用型）

耐勞，有操作機械的能力。喜歡做和物體、機械、工具、動物、植物有關的工作。是勤奮的技術家，如農、牧者、機械師、電器師、或匠人。

2 試管（研究型）

有數理能力和科學研究精神。喜歡觀察、學習、思考、分析，和解決問題。是重客觀的科學家，如生物、醫學、化學、物理、地質、天文、人類等學家。

3 原子筆（傳統型）

有敏捷的文書和計算能力。喜歡處理文書或數字資料。注意細節、按照指示完成瑣碎的事。是謹慎的事務家，如會計師、銀行人員、財稅專家、文書人員、秘書、資料處理人員。

4 口琴（藝術型）

有藝術、直覺、創作的能力。喜歡運用想像力和創造力，從事美感的創作。是表現美的藝術家，如作家、音樂家、畫家、設計師、演員、舞蹈家。

5 麥克風（企業型）

有領導和說服他人的能力。喜歡以影響力、說服力和人群互動，追求政治或經濟上的成就。是有自信的領導者，如企業家、政治家、法學家。

6 洋図図（社會型）

有教導、寬容，及與人溫暖相處的能力。喜歡與人接觸，以教學或協助的方式，增加他人的知識、自尊心、幸福感。是教育或社會工作者，如教師、心理治療學家、輔導或社會工作人員。

人們常說「物以類聚」，似乎人也是以類而聚。假想現在正走進「校園新生舞會」會場，早到的客人們已依他們共同的人格特質和興趣，自然聚集成為六個群體。你會直接走入哪一個群體？

校園新生舞會聚落圖

愛勞動，有操作機械的能力。喜歡做和物體、機械、工具、動物、植物有關的工作。是勤奮的技術家，如農、牧者、機械師、電器師或匠人。

有數理能力和科學研究精神。喜歡觀察、學習、思考、分析和解決問題，是重客觀的科學家，如生物、醫學、化學、物理、地質、天文、人類等學家。

有敏捷的文書和計算能力。喜歡處理文書或數字資料。注意細節、按照指示完成瑣碎的事。是謹慎的事務家，如會計師、銀行人員、財稅專家、文書人員、秘書、資料處理人員。

有藝術、直覺、創作的能力。喜歡運用想像力和創造力，從事美感的創作。是表現美的藝術家，如作家、音樂家、畫家、設計師、演員、舞蹈家。

有領導和說服他人的能力。喜歡以影響力、說服力和人群互動，追求政治或經濟上的成就。是有自信的領導者，如企業家、政治家、法學家。

有教導、寬容，及與人溫暖相處的能力。喜歡與人接觸，以教學或協助的方式，增加他人的知識、自尊心、幸福感。是教育或社會工作者，如教師、心理治療學家、輔導或社會工作人員。

我們試著從「喜歡做的事」、「生命錦囊」和「人群選擇」等方面，來探索自己的人格類型。這樣的方法或許可以幫助我們思索甚至歸納出自己的人格類型，更或許在不同方法的探索結果之間，仍留下些許歧異和疑惑。學生輔導中心有多種協助你探索人格類型的測驗工具，值得我們善加運用。此刻，且先寫下單元活動的心得吧！

❧ 單元技術指引與討論 ❧

一、職業人格類型的自我探索

　　多數大學生對自己將來要從事什麼樣的工作，也許已有一些想法；可能也有一些大學生不太清楚自己所喜歡從事的工作是什麼。心理學家將職業和個人特質區分為六種類型，包括：研究型、藝術型、社會型、企業型、傳統型和實用型。本單元希望從我們平常喜歡從事的活動、我們喜歡參與的群體等方面來協助我們探索自己的人格類型。

　　本活動的探索資料可配合「自我探索量表」的施測，引導學生找出其人格類型「綜合代碼」，或職業憧憬「綜合代碼」。對部分大學生而言，從職業憧憬的代碼中，也可以了解自己一貫思考職業的方向；而也有些大學生對於綜合代碼相應的職業，「好像自己過去從來也不曾考慮過，感覺這些職業好陌生」。因此，輔導人員對於職業憧憬與綜合代碼和諧度偏低的學生，需要花更多的時間加以說明、澄清與討論。

　　這個單元是自我探索篇的第一個單元，以「人或事物」、「數據或觀念」兩個向度來把各種活動或事情分類是相當有意義的事。但在進行時對兩個向度應該有較清楚的說明，特別是學生會以為這件事是我做的，我是人，所以這件事情和人有關，如睡覺。其實，這兩個向度應是指活動可以觸及到的對象，或者是說活動要涉及到什麼對象。例如，聽音樂較觸及到物（音樂）而較不及人，較觸及觀念（美感）而不及數據；聊天較及於人（談話的他人）、較及於觀念（想法的表達、交換）……當然，有些活動的性質是因人而異的，例如，對有些能在宴席上很快樂的和人交際的人而言，吃飯是有較多的「人」的性

質，而對像周夢蝶品嘗每一口飯的不同味道這樣的人，吃飯顯然有較多的觀念（口味、氣味之美）。

引導參與者想出最喜歡的三件事，可以給他們部分的分享時間，從容的回想生活中的若干細節，再找出最喜歡的三件事。而在做歸納的時候，也要讓參與者可以投射自己的主觀；換句話說，活動的重點不在學習如何以兩向度歸納喜好的活動的性質，而在於借用對喜好的活動的觀照，來發現自己的興趣類型，這個活動是很有意思的。但要注意參與者是否用心回想喜歡的活動，以及在歸納活動性質時是否正確理解活動性質分類向度的意義。活動性質分類向度意義的理解，應該也可以做爲本單元認知評量的標的之一。

在喜好活動性質的分析之後，如何說明活動性質和興趣類型之間的關聯的確是一個爲之不易的事情。因爲在順序上，類型的觀念是先出現的，後來才出現喜好活動性質的分析練習。在說明上，可以用我們喜好的活動加以分析其性質，與各人格類型相應的各類活動也可以析出其性質，Prediger（1981）和國內金樹人教授（民82）分別以「多向度量尺分析」（MDS）統計方法，分析中美大學生的職業興趣，而歸納出以「人或事物」、「數據或觀念」兩個向度，以及各類型相應活動在兩個向度上的位置（與兩個向度的關係）。我們以金教授的研究結果將兩個向度座標疊上人格類型圖，可以從喜好的活動之性質來進一步推估我們的興趣類型。接著讓參與者找出興趣類型之後，應該有一段時間的討論，讓參與者有機會表達這個活動所歸納出來的興趣類型的意義，並由參與者決定是否接受這樣的結果。當然，活動性質向度和職業興趣類型的關聯也是認知評量的重點。

接著的抓周活動看來輕鬆，但參與者通常也會因此而輕忽之，因而要提醒參與者不要以象徵物來選，而要詳細看這些象徵物所代表的人生，而且要參與者用較長的觀點想像，如果這象徵物旁邊的人生錦囊就是你這一生的人生寫照，你要過怎樣的生活。想想這的確是很嚴肅的事情。如果也能夠引起參與者同樣嚴肅的看待這個問題，我想活

動是更有成效的。所以在活動後的心得寫作中，評估其活動的態度和
動機是單元情意評量的一個重點。

在舞會人群的選擇上，可以透露出個人的人群偏好，而根據 Holland
的人格類型論所謂個人的職業（環境）選擇爲其人格的反應（林幸台，
民 76），人群的選擇也是人格的反應，故而從其人群選擇也可以推估
其人格類型（金樹人，民 82，生涯興趣量表編製研究非正式的討論
會），生涯興趣量表正是以此爲效標，不妨再檢視其效標效度資料。

如此，在進行本單元三個活動之後，參與者可以在類型圖的六個
角上爲自己畫出五個圈圈，分別代表從（職業）活動興趣、生涯型態
偏好和人群偏好所顯露的人格類型。接著提供人格類型與職業環境對
照表（Holland, 1979；林幸台，民 76，頁 56）給參與者，並且由參與
者參考各人格類型的人格傾向。後續的活動可以就這五個圈圈的分佈
及其人格傾向的描述，讓參與者討論其意義。在進行這個單元時，某
種程度的介紹 Holland 的類型論是必要的，特別是 Holland 的基本假設
（核心假設、輔助假設；林幸台，民 76）是必要的，缺乏這些假設的
認知是很難認同或專心投入這個單元的各個活動。在活動進行之初，
可以簡要的介紹 Holland 的基本假設。

在單元活動開始之前的類型論說明，應審慎說明六個類型的理念
型（ideal type）的意涵──各個類型並非完全獨立，且在實際情況中
亦不可能存在完全屬於某一類型的純型人。各個類型的定義不可以過
度的望文生義，以免造成誤解，例如研究型不取決於是否想要日後報
考研究所，而在於探究、分析、評論的特質，例如在逛街活動中，對
某些新奇的事物有加以觀察、了解的興趣，看報紙時對於科學新知和
社論也有閱讀的興趣，這樣的人或許相當接近所謂的研究型，接近研
究型的人不一定會報考研究所，因爲有意願考研究所之決定因素相當
多，考不考不一定是由人格類型所決定，但接近研究型的人，在富研
究色彩的環境中會更舒服；或者更滿意環境中的研究屬性與活動。例
如，研究助理的資料分析工作、新聞雜誌的評論工作、環境保育的實

地勘察和觀察工作等等。這部分的說明是相當重要的，也可以做爲單元認知評量的標的。

在活動的總結說明中，可以就區分性、一致性、和諧性，以及人格組型的概念（林幸台，民76）來提醒大學生。當然，這個單元未使用自我探索量表，沒有客觀的量數以資比較、判斷，但參與者的五個圈圈都畫在不同的類型上，顯然要比五個圈圈都畫在相同的一、兩個類型上，要來得難以區分。這種難以區分的情形是否和未分化、缺乏相關的思考與探索、生涯抉擇責任意識不足有關，的確值得更進一步的實徵探究。而人格類型難以區分者的人格穩定度，以及自我接納的程度，及其在相關的生涯選擇上是否較分歧、是否感受到較多的矛盾也是需要探究的。在輔導實務上，除了鼓勵人格類型難以區分者進一步接受自我探索量表的評量之外，也可以在會談中，幫助其看到目前的抉擇困難和矛盾，生涯不確定源量表（林清文，民 83）的評量結果，也可以做爲引導受試者覺察其抉擇困難的材料。

最後，應該定義本單元是一自我探索的活動，過程中加入諸多的主觀想法，探索所得的人格類型如果和自己原有的想法不同，可以繼續到學生輔導中心尋求客觀心理測驗的測量，如果探索的結果和自己一向的想法相符，則可以以之爲自己生涯決定的參考，讓自己可以更有效的找到適合的環境，發揮自我、實現自我。例如，企業型的人在學校可以多參加領導人才研習工作坊、在活動中心的幹部中也可以找到志同道合的朋友。在學業選擇上也可以找一個和自己類型相符的學系或課程，讓自己更如魚得水，找到一個和自己人格相適配的環境，走起路來才會如同「輕沙走馬路無塵」的從容、瀟灑、俊逸而沒罣礙阻滯。

本單元希望協助大學生探索自己的人格類型，以便找出適配的環境，因此單元名爲「輕沙走馬路無塵」。

誌謝

　　本單元活動的設計相當受到金樹人博士觀念的影響，特別是以舞會活動來釐清人群偏好即是金博士的點子，敬此致謝。

二、人格類型論——J. L. Holland 的結構互動觀點與努力

　　美國心理學家 J. L. Holland 提出結構互動觀點，說明人們的生涯選擇。其基本觀點包括：(1)職業選擇是其人格的表現，而非隨意的事件（雖然環境機會亦有其影響）。(2)相同職業的從業群體具有相似的人格類型和相似的個人發展史。(3)相同職業的從業群體具有相似的人格類型，故其在多數的情境會有相似的反應方式。(4)職業成就、穩定性和滿意度植基於人格特質與工作環境的滿意度。在基本觀點之上，J. L. Holland 進一步衍申其基本假設：(1)大多數人可以區分為六個類型——實用、研究、藝術、社會、企業、傳統之環境，亦可各自再區分為六種類型。(2)人們皆尋求足以發展其能力、展現其態度與價值觀的環境，個人的行為取決於人格與環境的交互作用。

　　在輔導過程中，J. L. Holland 建議輔導人員：(1)透過評量工具協助當事人了解其人格類型。(2)輔導人員是專家和資源人士。(3)輔導人員應鼓勵當事人自我探索並尋求解答。(4)應提供各種自我輔導的工具。(5)鼓勵當事人及早參與、學習負責。

　　J. L. Holland 的結構互動觀點言簡意賅；將人格基本類型統歸為六類；每個人依主型連同次型，採取三個類碼，則可以有六的三次方，共二一六個類型，可以執簡御繁，滿足人日常生活有效鑑識他人之需。

　　惟類型論和特質因素論仍予人有似曾相識之感，同時也缺乏對人格類型成因與發展、改變的說明與實證資料的支持。另一方面，職業成功並不僅取決於人格類型的適配，諸如人際、關係、情緒商數……亦為重要，未能涵括其他個人變項也是結構互動觀點的不足之處。

在文化適應性上，大多數學生固然可能重視以父母的意見、社會的潮流、職業聲望、工作舒適、錢多事少的標準，而不盡然以人格類型來選擇職業或科系，然而，人格類型的評量或探索，的確可以讓學生在既有的生涯選擇因素之外，更多一個參考。我們希望提供學生覺察自主的生涯選擇空間。

國內，在林幸台、金樹人等教授的努力下，在高中、職以上學校應用極廣。在當前的應用上，實務人員多取其類型概念，忽略人格類型的理論原旨。

實務人員可使用「抓周」、「我喜歡做的三件事」、「新生舞會」、「你先看報紙的哪一版」……等人格類型探索活動，或「自我探索量表」、「生涯興趣量表」等工具，協助當事人探索人格或興趣類型。

— ❀ 問與答 ❀ —

問：請舉例各個人格類型……

答：根據 Holland 的觀察，大體上，人可以分為六類型。其中，實用型的人比較喜歡一些具體的東西……，大概工廠界的朋友是屬於這類型。有研究型的人對新奇事務、知識的學習比較有興趣，這類的人大多在一些研究機構或大學裡面。傳統型的人，對人的接觸不是很熱中，他希望有一個固定的原則可以遵循，大概都是在辦公室裡做一些事務性工作的人。企業型的人具有冒險的人格特質，他喜歡去說服別人、領導別人，商界的朋友屬於這型。藝術型的人強調直觀和創作的能力。社會型的人喜歡人際的接觸。

問：如何協助孩子找自己的類型呢？

答：如果我們暫時先接受這樣子的架構，怎樣讓孩子去思考，我是屬於哪一類型的人。我們通常可以讓他去想：你最喜歡做的三件事

是什麼？孩子可能會想：喜歡睡覺，喜歡一個人在白沙湖畔走走，或喜歡跟朋友聊天。對於這樣的事情，我們甚至學生本身都可能會先用「建設性」的向度，也就是「有用／沒有用」的框架去做評價。如果我們可以先將「建設性」放下，從另外兩個向度去思考。第一個向度是，你喜歡的這件事情，是更接近人的？還是更接近事物的？另外一個向度是，你喜歡的這件事情，是比較接近數據的呢？還是比較接近觀念的？幫助他去做這樣子的分類，他可以把他喜歡的事情，做一個歸納。

　　有的學生會問：「老師，我喜歡打球，那算是什麼？」我說，看你喜歡打怎樣的球？有的人喜歡打迴力球、運球投籃，自己一個人玩；有人喜歡打棒球，有一堆人一起玩。看你喜歡活動的哪些部分或性質，不必硬生生的將運動劃歸在固定的類別之下。同樣是球類運動活動，有比較接近人的，也有比較接近事物的，要看他自己如何喜歡和如何認定。所以，我喜歡運動而且是喜歡人多的運動，我可將運動歸在「人」的這一邊。

　　再來的一個向度是，這個活動與「數字」有關或是跟「觀念」有關。有的人說運動跟數字有關，我每次跑計步器，跳到多少的時候，我的心裡就好高興，這是對計步器的數字有興趣，可以把它歸類在數字這一邊。有的人喜歡打羽毛球，每次殺球就覺得又進步了，顯然他重視的是戰略，它跟觀念比較有關，而可以把它歸類在觀念這一邊。這樣的歸類下來，也就更清楚自己的想法和類型了。

　　活動分類架構的重點不在於讓學生學會兩個向度的概念和如何歸類，而是透過「人、事物與數字、觀念」雙向度的架構，就自己喜歡的活動來了解自己。所以它的意義是回到個人身上，而不是活動歸類學。

　　我們再用一個簡單的想法，從「人、事物與數字、觀念」雙向度分類架構來看六種興趣類型分類。將興趣類型的六角形放到

「人、事物與數字、觀念」雙向度分類架構的十字形上，來檢視個人的興趣類型。金樹人教授有一個依「物以類聚」的想法而來的生涯興趣探索活動，稱之為「新生舞會」。依Holland的看法，人格類型不是分散的，會導引個人跟相同人格類型的人在一起。有相同人格或興趣類型的特質，自然有相似的興趣、特質，而喜歡跟相同類型的人在一起。成語所說，「同聲相應，同氣相求」。如果人格或興趣類型相同，氣味就很相投，而喜歡在一起。如果氣味不相投就不會在一起。

問：我是英文系的老師，我們的學生都已經選系了，還需要探索人格類型嗎？類型探索的價值在哪裡？

答：如果我們從人格或興趣類型的架構來談，一個屬於藝術型的孩子，他在探索後發展出一個暫定的生涯目標是做一個小說家，或是去作一個文學家。但文學家在這個社會上不容易優渥的生活，雖然我們常常有小說可以看，但社會上提供給小說家的工作機會好像不是很多，乃至於收入都很微薄。如果學生以小說家做為暫定目標，但他也可能不太知道怎麼樣可以去做一個小說家，做一個小說家到底要過怎樣的日子、可以賺多少錢，所以他要進一步去做一些探索。他需要去了解一些相關的資料，比如有關描述小說家生活情況的種種。在做探索之後，他可以對小說家生活更加清楚。這時候，即便他明確呈現藝術型的人格類型，仍須再參酌、釐清價值觀。如果他的價值觀是賺很少錢也沒關係，只要人生有意義，那麼小說家的工作可能就很適合；但如果他要賺很多錢，要過很富裕的生活，小說家的工作可能就不適合，除非他成為一位暢銷的小說家。所以類型探索可以引發更多的探索。

送還不識誰家物

———❦ 單元目標 ❦———

探索個人風格型態。

———❦ 活動說明 ❦———

　　介紹 Jung 個人風格類型，討論不同個人風格者的生涯發展，進行
「你看我」、「我看我」、「我要我」等個人風格檢視活動，小組分
享個人風格與生涯。

———❦ 單元活動 ❦———

　　在面對日常生活與學業的種種課題時，你是否曾經自問：「我
是什麼樣的人？」「我的特質是什麼？」你是否想要知道「在
日常生活中，我主要的風格是什麼？」且讓我們一起來探尋
自己的個人風格。

　　心理學家 C. G. Jung 發現人們的行為大致有其模式可循，
主要而常出現的行為反應模式，即構成個人特有的風格（或
心理類型，Psychological types）（Jung, 1971）。基本上可以
從下述四個脈絡來觀察人們不同的個人風格：

(一)對外在世界的著重面

　　內向型（introvert）　較注重事情的內在變化。
　　外向型（extravert）　較注重外在環境因素。

㈡認識外在世界的方法

辨識型（sensing）　較著重實際、具體、事實的看法。

直覺型（intuitive）　較著重事件的可能性和整體性的關係。

㈢下結論、作決定的方式

理性型（thinking）　較注重客觀、公平和邏輯的分析。

感性型（feeling）　較主觀、重視價值和人際關係。

㈣處理事情的態度

決斷型（judging）　做事較重一定的步驟及計畫。

熟思型（perceptive）較重突發的靈感及彈性的做法。

 個人特有的心理類型不但支配個人外在的行為及其結果，也進而影響其對行為結果的看法及解釋。所謂「性格決定個人的命運」，正是由此衍申而來的論點。接著，讓我們一起來看各種風格類型的特色（見表 7-1、表 7-2）。

表 7-1　　個人風格的類型特徵及常見的從業者

風格類型	優點及可能引發的批評	常見的從業者
外向型	能運用外在環境資源，樂意與他人來往，開放的態度，行動派，易為他人所了解。	導遊 公關人員 民意代表
	不夠獨立，需要和他人共事，喜歡變化，衝動派，討厭規範約束。	
內向型	獨立自主，埋首工作，勤勉奮發，沉思的，依自己理想行事，不輕易以一概全，不衝動行事。	鋼琴師 詩人 心理學家
	對外在環境了解不多，逃避他人，掩飾自己，易為他人誤會，不喜歡工作被打斷。	

（承上表）

風格 類型	優點及可能引發的批評	常見的 從業者
辨識型	注意細節，重視實際，能記住瑣碎細節，耐得住煩悶的工作，有耐心，細心有系統。	律師 秘書 會計師
	失去整體的概念，想不出各種可能解決的途徑，不相信直覺，不求創新，無法應付太複雜的工作，不喜歡預測未來。	
直覺型	對事情能面面觀之，以整體觀點看事情，富想像力，嘗試新鮮的構想，喜歡複雜工作，喜歡解決新奇的問題。	室內設計師 影評人 美容師
	不注重細節，不注重實際，不耐沉悶，不合邏輯，把握不住現在，驟下斷語。	
理性型	合乎邏輯，善於分析，客觀公正，有組織系統的思考，具判斷能力，堅定。	法官 訓導主任
	忽略他人感受，誤解別人的價值觀，不在意和諧的人緣，不露感情，較少悲憫心情，不願說服別人。	
感性型	體諒他人感受，了解他人需要，喜歡和諧的人際關係，易表露情感，喜好說服他人。	神職人員 播音員 輔導人員
	不合乎邏輯，不夠客觀，缺乏組織系統的思考，不具批判精神，全盤接受，感情用事。	
決斷型	有計畫的、有步驟系統的、果斷有決心的，有控制的能力，明快作決定的。	企業家 生產線主管 投資顧問
	固執、不易妥協，沒有彈性，依手邊現有的少許資訊作決定，任何的修正意見都被預定的計畫所埋沒。	
熟思型	易於協調，可由各種角度欣賞事物，具彈性、開放態度，依據可靠的資料作決定，不任意批評。	壽險顧問 社會工作師 漫畫家
	猶豫不決，散漫無計畫，不能有效的控制情況，易於分心，不易隨計畫完事。	

表 7-2　十六類風格者為人處世的特徵

外向／辨識／理性／決斷	外向／辨識／理性／熟思	內向／辨識／理性／熟思	內向／辨識／理性／決斷
實際、天生的生意人及機械專家。對那些看起來沒有實際利益的事不感興趣，但需要時也會花心思在這些事情上。喜歡組織及經營事業、活動；可以是一位好主管，只要他能真正的去同理他人的感受及觀點。	不慌不忙，兵來將擋，水來土掩，很能享受其中的樂趣。傾向喜歡機械及運動，最好朋友都不一起玩耍，可能有些率直、不敏感、不喜歡冗長的解釋，喜歡真實的，最好是可以處理、拆解及重組的事。	冷眼旁觀、保守安靜，以好奇心來分析及觀察人生。有出人意外的幽默感，對與人不相干的原則、因果關係、機件如何運轉等較感興趣。專注於自己認為有必要花心思的事上，否則是浪費時間及精力。	安靜、認真、集中注意力、徹底、實際、合理、可靠、有秩序的、喜歡事情有組織。負責認真、只要是應做的事，就下決心完成，不管別人的勸阻或抗議。
外向／辨識／感性／決斷	外向／辨識／感性／熟思	內向／辨識／感性／熟思	內向／辨識／感性／決斷
熱心腸、多話、受歡迎、負責、天生的合作者、積極的參與者。喜歡和諧且善於製造這種氣氛。若是為別人做一些好事，需要別人的讚賞與鼓勵。對抽象思考或技術主題不太感興趣；主要的興趣是直接會影響人的生活的事。	外向、隨和、接納、友善、享受一切自己所擁有的。為了朋友，會把事情弄得更有趣一些。喜歡運動、製作東西，急切的想要知道發生什麼事和結果。認為牢記事實比熟悉學理容易；在需要一般常識及實際操作能力的場合中，最能發揮自己。	孤獨幽默、安靜的、友善、敏感、仁慈、不尋求突出的、避免紛爭，不會強迫別人接受自己的意見及價值觀，不喜領導，卻是位忠實的跟隨者。不喜歡匆忙的工作，喜歡享受當下的情境，喜歡輕輕鬆鬆的完成工作。	安靜、友善、負責、忠實的盡義務，為朋友服務。周到的、精細的、謹慎的、耐心完成例行工作及細節。體諒的、關心別人的感受。

（承上表）

外向／直覺／感性／決斷	外向／直覺／感性／熟思	內向／直覺／感性／熟思	內向／直覺／感性／決斷
易感應的，可依靠的，通常比較真誠的關心別人的想法和需要。處理事情的時侯比較顧慮到別人的感受，能輕鬆圓通的提出一個計畫或領導一個團體討論。和睦的活躍於社團，也用心學習課業。	親切、熱忱、精力旺盛、聰明的、富想像力的、幾乎能做他所有感興趣的事。能迅速解決任何困難，及隨時願意幫助任何人解決問題，通常他們臨機應變的能力強，無論想要什麼，都能找到牽強的理由。	熱心、忠實的，但很少表達出來，直到他們清楚的認識你後才表達出來。認真的學習、思考及獨立的計畫。傾向負責，不管責任多大，無論如何必將完成，友善的，但太重視人際關係，較少重視地位及生理環境。	以不屈不撓取勝，以創意完成要做的事，工作中表現最佳的努力。沉靜有力的、忠實的、為別人著想的、敬重堅定的原則，喜被尊重，遵循他們認定是好的事物。
外向／直覺／理性／決斷	外向／直覺／理性／熟思	內向／直覺／理性／熟思	內向／直覺／理性／決斷
熱心、坦白、能研究的，各種活動的領導者，善於條理分明及機智的談話，有如公開演講。易於吸收知識及樂於增廣自己的知識領域，有時候會比他的實際經驗更積極、更有信心。	迅速的、聰明的、精通很多事的、可激勵同伴的、活潑的、直率的。為了好玩，可能會站在事情的兩面來討論。機智的解決新問題及有挑戰性的問題。但可能會忽略了例行工作。易轉換興趣。對所要的任何事物，都會很技巧的找到合適的理由。	安靜、謹慎、考試出眾的，尤其在理論或科學的科目。善於精細的推論，通常主要的興趣在理想，對宴會及閒聊沒興趣。	有創意思考的，由他們自己的理想及目標所驅策。對他們喜歡的工作，不管是否有人幫忙，都會有組織的完成。懷疑的、批評的、獨立的、堅決的。通常也是固執的，需要學著捨棄比較不重要事，以便去獲得重要的事。

明白個人風格的四個向度，以及各個向度相對的風格類型之後，我們先請鄰座的同學來談談「他眼中看到的我的風格」，用筆在下表中畫下之後，聽聽他怎麼說。接著，再畫下自己原先認定的個人風格，和期望的個人風格（見圖 7-1）。

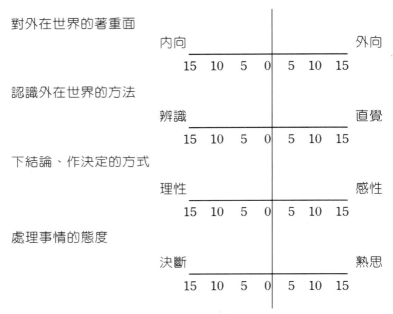

對外在世界的著重面

內向 ──────────── 外向
15 10 5 0 5 10 15

認識外在世界的方法

辨識 ──────────── 直覺
15 10 5 0 5 10 15

下結論、作決定的方式

理性 ──────────── 感性
15 10 5 0 5 10 15

處理事情的態度

決斷 ──────────── 熟思
15 10 5 0 5 10 15

圖 7-1　勾畫我的風格圖

註：ℓ. 各個向度以 0 為起點，向兩端各畫出適當長度的線段，代表具有此一風格
　　的程度。例如自認外向是 8，內向是 3 者，可在對外在世界的著重面上，
　　向右畫出 8 單位長的線段，代表外向程度；向左畫出 3 單位長的線段，代
　　表內向程度。

　2. 所謂個人風格或心理類型是當外在條件都擺脫之後，自己最可能這麼做；
　　或讓自己最感到舒服的本型。

　3. 找出自己的個人風格或心理類型要比宣稱自己是中間風格為重要。

　4. 可用不同顏色的鉛筆或原子筆畫下「自認的」、「希望的」、「朋友眼中
　　的」個人風格。

是的，比對看看三組曲線所代表的個人風格是否不同，差異
在哪裡呢？何者更接近自己？是不是能夠從曲線中，看到朋
友眼中的我呢？為什麼朋友是如此看自己呢？值得把這些心
得寫下來。

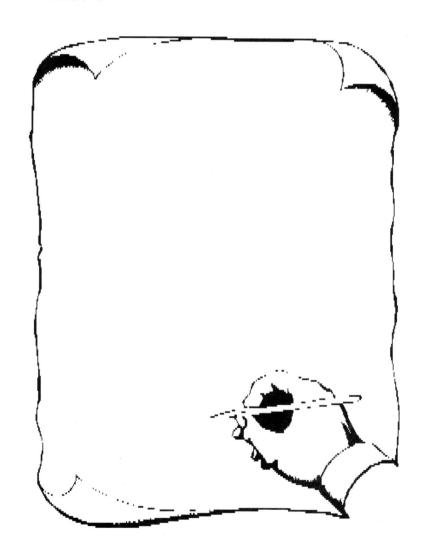

當然，我們更想從活動中，歸納出自己的個人風格。或許我們可以利用單元技術指引與討論中的「個人風格問卷」，詳細計算自己的個人風格，看看是否能有更明確的結果。

個人風格和生涯發展的關係自然值得我們注意。我們先看看在既有的個人風格下，自己呈現出哪些生涯發展行動（參見單元技術指引與討論）。接著不妨讓我們試試看能不能將個人風格和人格類型加以整合。你有沒有想過，什麼樣的環境最適合表現自己的風格呢？將這些環境或職場寫下來，並和伙伴相互分享。

_____

_____

_____

_____

_____

❦ 單元技術指引與討論 ❦

一、個人風格的找尋

　　仔細再看眾生百態，有些人好為議論，有些人謹細務知，有些人條析縷陳，有些人善體人意。對生活周遭發生的種種事物，人們引發的關切也是不同，馬廄失火，有人問：「怎麼會起火？」有人問：「燒著哪些東西？」有人感慨：「一場大火給人帶來多大的傷害和苦難！」有人注意到「建築物的木製建材燎燃，在火場中會引發更大的火勢；要減低火災的傷害，應先改變建築材料」；不同的心理功能型態者即有不同的關切和反應。孔子所謂：「傷人乎？不問馬！」正足以顯露其心理功能之所在。

　　或許我們並不願意偏向特定類型，但長期的生活之中，自然就會形成有所偏向的個人風格。個人風格使我們在某些情境中會出現相同的行為類型。也會使得我們在某些情境中感到如魚得水般的自在；甚至進而會導引我們尋求相類似的環境和工作。

　　當環境不能允許我們自在的展現個人風格時，我們也可以掩飾我們的個人風格，而展現不同的行為樣態；但短期則可，一旦要長期的掩飾扭曲則會使個人感到不舒服。尋求適合個人風格的環境或工作，正如同了解自己的節目偏好一樣，可以讓自己在有選台器的時候，選擇一個自己舒服的節目，但在沒有選台器的時候，其他的節目我們還是可以看。

　　有些人看不到自己的個人風格，一方面可能是個人相當能夠隨著環境的改變，調整個人的偏好及反應型態，而不形成類型；另一方面也可能是未曾更深入的認識自己的個人風格。但就如同在游泳池中，

有些人游蛙式、有些人游自由式、有些人游蝶式、仰式，或是狗爬式，但很少游泳者是沒有泳式的。雖然，我們追求更不受型態的限制，但同時也應該更清楚的知道自己的型態。

在日常生活中，我們也可以使用 Jung 的類型觀念，檢視自己的個人風格或心理功能型態。例如，在閱讀一篇文章或欣賞一段影片後，要求自己根據閱讀或欣賞心得，提出一段評論或三個希望得到回答的問題。從自己提出的問題或評論，即可嘗試歸納受試者的風格或心理功能型態。此外，從人生志向的選擇也許也可以檢視自己的風格或心理功能類型。

本單元要鼓勵學員認識自己的風格，而不是急於改變自己的風格。要先探索、了解，進而接納、欣賞，後續才能為自己找到適合個人風格的環境。

請參與學生以「自我認識、他人認識、自我期望和測驗結果」四個方向來看個人風格。在對自我風格有一初步認識之後，可以引導學生探索各類風格在環境適應上的有利之處和不利之處，在現在生活和未來工作上會有哪些狀況？要如何化不利為有利。儘量不要用「優點和缺點」來談。

之後，請參與學生兩兩相互給些建議，哪些職業或環境適合這樣風格的人發揮與展現。接著進行風格大集合，相同風格類型的人聚在一起分享彼此的自我認識，比較彼此的異同，交換曾經想到過適合的職業、未來的打算等。

二、個人風格與心理功能類型

在東方文化中，個人風格或人格類型的論定是一門相當淵遠流長的學問。在古代的醫書「內經」中，即曾依據陰陽五行之說，把人類某些心理學上的個別差異與生理特徵相連接，歸納出金、木、水、火、土五種不同的類型，而成為體相學的最早淵源。其後的命理學則以其

他的天賦屬性，論述個人命運兼及生理、心理變化；諸如：八字、流年、面相、骨相等。其中，「紫微斗數」即是以個人生辰論個人的命宮及人格類型；如「紫微」主性格忠厚豪邁，但多遊移不定、志氣高傲，個性倔強；「天機」主多計謀、機變多端、性情敏感，好動，勤作好學，心慈性急，多才多藝，易見異思遷，學博而不精，好高騖遠，處事常不能及其理想。

要之，以體格或生辰等天賦屬性論個人的性格特徵、類型與窮通，在傳統文化中確有其脈絡相續的悠長淵源。惟不論人生遇合難料，以及心理特徵受環境與經驗塑形與改變之可能，斷然論定個人的心理特徵與際遇由體格或生辰等先天因素支配，亦難免其宿命、武斷之評。

誠如三國魏人劉劭所言：「蓋人物之本，出乎情性，甚微而玄，非聖人之察，其孰究之哉？凡有血氣者，莫不含元一以為質，稟陰陽以立性，體五行而著形；苟有形質，猶可即而求之。」（劉劭，《人物誌》‧九徵第一；劉君祖，民75）去除武斷的宿命論點，承認人生遇合變化及心理特徵改變的可能性，直就心理特徵的觀察、分析，歸納類型，的確是增進人們鑑識人物知能的重要途徑。劉劭在傳世經典《人物誌》中，即曾根據性格特徵將人劃分為十二種類型。包括：

強毅：厲直剛毅，材在矯正，失在激許。
柔順：柔順安恕，每在寬容，失在少決。（外向、感性）
雄悍：雄悍傑健，任在膽烈，失在多忌。（外向、直覺）
懼慎：精良畏慎，善在恭謹，失在多疑。
凌楷：強楷堅勁，用在楨幹，失在專固。
辨博：論辨理繹，能在釋結，失在流宕。（外向、理性）
弘普：普博周給，弘在覆裕，失在溷濁。（外向、感性）
狷介：清介廉潔，節在儉固，失在拘局。（內向、辨識）
休動：休動磊落，業在攀躋，失在疏越。（內向、感性）
沈靜：沈靜機密，精在玄微，失在遲緩。（內向、理性）
樸露：樸露勁盡，質在中誠，失在不微。（內內、直覺）

韜譎：多智韜情，權在譎謀，失在依違。

劉劭的著作已有豐富的心理類型觀點，燕國材在整理《漢魏六朝心理思想》時，曾譽之為「古代一部重要的心理思想專著」（燕國材，民77）。可惜其後缺乏系統性的驗證和闡介，加以文字典奧，終而幽微未顯。

現代心理學得精神分析學的滋潤，而更增其深微博洽。其中，脫離 S. Freud 的精神分析學（psychoanalysis），自行創建分析心理學（analytical psychology）的Jung傾心致力於心靈的結構與動力的分析。所謂的心理是指我們整個的「存有」，包括意識和無意識。Jung相信，心靈賦有與生俱來的目的——尋求成長、完整與平衡。意識和無意識為構成心理的二個部分，無意識扮演補償（compensate）意識的角色；只要意識太過偏執，它相對的無意識便會自動顯現，以矯正失衡，它可以透過內在強有力的夢和意象調整，或者也可能形成心理疾病。心理動力的分析是 Jung 分析心理學派（analytical psychology）最重要的工作之一。為此，Jung 發展了一系列的心理類型（Psychological types）。

Jung 於西元一九一三年首先提出兩種心理類型——外向與內向（extrovert & introvert）。他將人們在與周圍世界發生聯繫時的心理傾向稱為態度。進而將心理能量傾向分為內向與外向兩種基本態度。其中，外向的態度是從外在得到行為動機，並且受到外在客觀的因素與關係所引導；內向的態度是由內在得到行為的動機，並且受到內在主觀的因素所引導。易言之，外向者的心理能量朝向外在世界流動；而內向者則從外在世界收回心理能量。Jung 強調「每一個人都有這兩種態度，只是程度多少之別」。

內向與外向二種態度難能相容並存，假如其中之一變成日常生活中的意識態度，則另一便成為無意識，而以一種補償的方式表現。假如意識的態度變得僵固，則無意識的態度將會從「壓抑中反彈」出來。

心理功能是分析心理學的另一個重要課題。Jung 竭力尋找更多基本特性，企圖為明顯而無限制的變化的人類個體性提供一些條理。他說：

> 我往往搞不懂有這麼多人能不用腦就不用腦，也搞不懂有這麼多人就算是用腦，方法也是笨得要命。此外，我也不明白為什麼許多知識份子和精明的人似乎不太用感覺器官，看不見眼前的事物，聽不見耳邊的聲音，沒注意他們觸摸或品嚐的東西；忽略一切外物情境的生活著。還有一些人似乎活在一個不再改變的世界，好像世界和心靈都是靜態，永遠保持原狀似的。他們似乎缺乏想像力，而完全依賴感官的認知，在他們的天地中，根本沒有機會和可能性這兩種東西，他們只活在「今天」，沒有真正的「明天」。

Jung 從人際觀察中歸納人們的「心理功能」。其所謂的心理功能具有心理能量的性質，也是引導人們體會經驗的工具。Jung 並仿同陰陽八卦「相剋相生」和「四象」（quaternary）觀念，提出兩兩相對的四種心理功能：

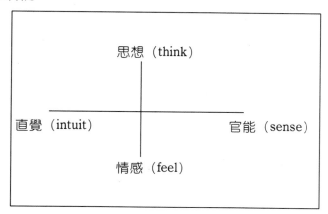

在 Jung 的字辭使用中，「感性」和「理性」相對而稱，意指價值

判斷，例如，一致或不一致；好或壞等等。而官能（sensation）並不是指情緒體驗，而是一種細理實勘的理性功能。相對的，直覺則是非理性功能，直覺是個「預告」，是一個不經過思想過程而獲得的決定，並非自由意志行為的產物。

這四種心理功能對個人的體驗與適應具有同等的重要性。其中，官能告訴你某物存在；理性告訴你那是什麼東西；感性告訴你那種東西是否令人愉快；直覺告訴你它如何來去、變化。

兩兩相對的某一心理功能成為主要的型態，則透過補償原則，它相對的功能成為無意識，只具有輔助的功能，甚或造成壓抑的反彈（但與另一對的心理功能的顯隱無關）。例如，過度發展的「思想」型會造成不平衡的心情和沮喪。完整的身心健康乃有賴於發展被忽略的功能，並自覺四種心理功能，以成就圓融的人格。

四種功能加上二種心理態度，更構成了八種心理類型，從而創建分析心理學派的心理能量類型學。包括：

外向、思想　科學家、經濟學家。按固定規則行事，客觀而冷靜，積極思考，情感壓抑，主見強。

外向、情感　綜藝節目主持人。易動感情，尊重權威和傳統，愛交際，尋求與外界的和諧，不重思維。

外向、官能　商人、建築商。無憂無慮，社會適應性強，不斷追求新異感覺經驗，對藝術品有興趣，不重直覺。

外向、直覺　公關人員、冒險家。做事首重預感，好改變主意，富創造性，對自己許多潛意識的東西了解很多，不重細密的分辨。如，子路：願車馬衣裘與朋友共，敝之而無憾。

內向、思想　哲學家。強烈渴望私人的小天地，社會適應性不佳，智力高，忽視日常實際的生活，不重感覺。如，顏淵：人不堪其憂，回也不改其樂。為仁在己。

內向、情感　音樂家、神父、法師。安靜，富於情思，略帶敏感，對別人的意見和感受較少注意，不輕流露情感，不重思維。

如，貝多芬。

內向、官能　美術鑑賞家、審美家、品酒師。被動，安靜，具藝術色彩，在乎周遭的事與物，不喜歡高談闊論，對人生的大道理不感興趣，不重直覺。如，曾點。

內向、直覺　神秘主義者、詩人。偏執而喜歡做白日夢，觀點新穎但稀奇古怪，苦思冥想，很少為人理解，但不為此感到苦惱，以心理體驗指導生活，不重操作。

　　實徵研究發現，在性向、管理動機與人格特質方面，直覺型和熟思型者的一般能力較高；外向型和直覺型的管理動機較高；外向、直覺和思想型者較為積極進取，有自信心，具獨立性和主動性，善於表達溝通，具有說服力與領導潛力，其興趣廣泛，富有想像力和創造力，觀察敏銳，具有隨機應變能力，做事有計畫，重視效率。果斷型者的主要特徵為活躍進取，做事認真負責，能面對現實，審慎沉著，重視效率，具有耐心，待人誠懇。

　　然而，我們亦必須明白，類型理論不可能曲盡表達出每個人獨特而複雜的心理過程，和人際間微妙細小的差異。活生生地生活在我們周遭環境的人是各種心理功能類型的混合體，需要長期的觀察和分析；而個人也可能在不同的人生階段改變型態。Jung 分析心理學的心理類型觀念在描述原形人物（archetypal figures）反應，及探討個人風格型態上，仍極具價值。

　　Myers 即曾根據 Jung 的態度和心理功能類型理論，編製 Myers-Briggs Type Indicator-MBTI，於一九七六年出版，而成為應用極為廣泛的人格類型評量的工具之一。Hirsh（1985）歸納 MBTI 在組織行為及管理心理學領域的應用，發現 MBTI 所評測的各種類型在時間管理（time management）、團隊士氣（team building）、管理發展與生涯發展（management development & career development）、創造性問題解決（creative problem solving），以及工作情境偏好（work environment preference）等方面皆有重要的差異。以下的練習活動可以用於檢視自己的態度與心理功能類型。

────❧ 練習活動 ❧────

　　宗教家追求有朝一日「天國」或「人間淨土」的到來。如果，在「天國」或「淨土」世界，人們可以選擇他所要做的事，你會從事什麼樣的事？（科學家、經濟學家、商人、建築商、綜藝節目主持人、公關人員、冒險家、美術鑑賞家、審美家、品酒師、哲學家、音樂家、神父、出家師父、神秘主義者、詩人）。從這樣的選擇中，我們是可以看到受試者主要的、意識的心理功能，或補償的、潛意識的心理功能？

参考書目

燕國材（民 77）：《漢魏六朝心理思想研究》。台北：谷風出版社。

劉君祖（民 75）：《人物志》。劉邵原作，經典叢書。台北：金楓出版有限公司。

Hirsh, S. K. (1985). *Using the MBTI in organizations.* Palo Alto: Consulting Psychologist Press.

Jung, C. G. (1971). *Psychological types- a revision* by R. F. C. Hull. Princeton, N. J.: Princeton University Press.

第八單元

眾裡尋他千百度

────❀ 單元目標 ❀────

探索個人生涯價值觀。

────❀ 活動說明 ❀────

　　介紹「價值觀與生涯」，進行「生活大餅」、「時間收支損益表」、「印象深刻的三件事」等活動，檢視含藏在思考背後的生涯價值觀。

────❀ 單元活動 ❀────

　　「衆裡尋他」、「衣寬不悔」，人們日常生活的言行情思無不受到個人價值觀的導引。美國文化學者 Kluckhohn 認爲「價值觀是個人對可欲事物或明或隱的獨特理念，並對行動目標及手段的選擇具有影響力」（Kluckhohn, 1973）。在多數的日常生活中，我們或許「習焉不察」，而不覺價值觀的密切影響，且相安而無事。

　　也許，午後風輕，小睡乍醒，遊走在白沙湖畔，思緒正繞在「生命與生活」的課題上而盤桓不去。此題難解，且讓我們試著從個人日常生活中的言行情思，補捉涵藏其間的個人價值觀。

在低迴間,可曾細思時間如何在指隙間逝去?先來看看昨日的二十四個小時,分別做了哪些事情。讓我們以一天二十四小時為生活大圓餅,看看這個生活大圓餅要切割成哪些扇形餅塊。

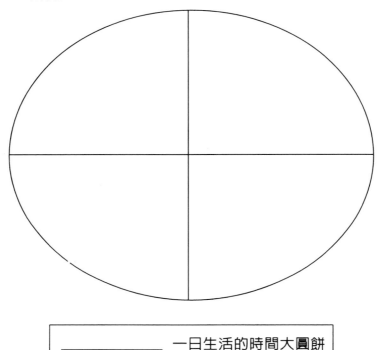

 一日生活的時間大圓餅

 有人說:「時間就是金錢」;不論如何,時間真是生命中有限的寶貴資源」。讓我們一起為寶貴的時間資源製作一份「收支週報表」。先從生活大圓餅中,找出更多的時間支出項目,算算上個星期的一百六十八個小時,理出哪些項目是固定支出,哪些是未固定支出。我們就可以列出一張「時間收支週報表」了。

　　當然,上一個星期不一定會是一個有代表性的星期。甚至有些項目仍限於學校環境,而不能付諸實現(例如看電

視）。但我們且從這裡做爲檢視的起點。

項次\n科目		項　　目	時間(hr)	說　　明
收入			168.0	
支出				
固定支出				
	1	睡覺		
	2	課堂活動		
不固定支出				

這是我要的「時間收支週報表」嗎？時間夠用了嗎？哪些事情使用了較多的時間？哪些事情是被我忽略了？何以我要如此的安排？潛藏在原先時間資源運用背後的想法是什麼？

我的時間主要用在哪些事務？我要不要做什麼樣的調整？我想要做的調整是什麼？要求調整背後的想法是什麼？何以我要這樣的調整？

在時間資源運用的反省之中，我發現我很看重……

_____

_____

_____

_____

_____

回顧生活，有哪些事情或經驗讓你印象深刻？我們可不可以試著透過和鄰座朋友的談話，回想這些事情，並且將這些事情簡要的寫下來：

第一件：＿＿＿＿＿＿＿＿＿＿＿＿＿＿＿＿＿＿＿＿＿
＿＿＿＿＿＿＿＿＿＿＿＿＿＿＿＿＿＿＿＿＿＿＿＿＿
＿＿＿＿＿＿＿＿＿＿＿＿＿＿＿＿＿＿＿＿＿＿＿＿＿

這件事令我印象深刻，因為……
＿＿＿＿＿＿＿＿＿＿＿＿＿＿＿＿＿＿＿＿＿＿＿＿＿
＿＿＿＿＿＿＿＿＿＿＿＿＿＿＿＿＿＿＿＿＿＿＿＿＿

第二件：＿＿＿＿＿＿＿＿＿＿＿＿＿＿＿＿＿＿＿＿＿
＿＿＿＿＿＿＿＿＿＿＿＿＿＿＿＿＿＿＿＿＿＿＿＿＿
＿＿＿＿＿＿＿＿＿＿＿＿＿＿＿＿＿＿＿＿＿＿＿＿＿

這件事令我印象深刻，因為……
＿＿＿＿＿＿＿＿＿＿＿＿＿＿＿＿＿＿＿＿＿＿＿＿＿
＿＿＿＿＿＿＿＿＿＿＿＿＿＿＿＿＿＿＿＿＿＿＿＿＿

第三件：＿＿＿＿＿＿＿＿＿＿＿＿＿＿＿＿＿＿＿＿＿
＿＿＿＿＿＿＿＿＿＿＿＿＿＿＿＿＿＿＿＿＿＿＿＿＿
＿＿＿＿＿＿＿＿＿＿＿＿＿＿＿＿＿＿＿＿＿＿＿＿＿

這件事令我印象深刻，因為……
＿＿＿＿＿＿＿＿＿＿＿＿＿＿＿＿＿＿＿＿＿＿＿＿＿
＿＿＿＿＿＿＿＿＿＿＿＿＿＿＿＿＿＿＿＿＿＿＿＿＿

而這些事情又何以如此讓我印象深刻？對我而言，它們是不是具有某種特殊的意義？例如「因爲學到新東西」、「因爲體驗新的經驗」、「因爲把事做完的感覺真好」、「因爲幫助人家」、「因爲摯愛親長的離逝」、「因爲很要好的同學不能在一起了」、「因爲很榮耀、很有面子」……我們再透過對談，捕捉這些經驗的特殊意義。在對談分享中，應著重交互分享事件的意義及心得；並可使用「我認爲自己比較重視……」、「聽起來，你可能比較重視……因爲……」等語幹，探索彼此的價值觀，並就價值觀相互給回饋。

這些事件對自己的意義：

_____

_____

_____

_____

從這些事件的記憶中，我發現我很在乎……

_____

_____

_____

_____

_____

_____

_____

價值觀的釐清是自我探索的重要課題之一。在上列的活動中，從「一日生活的時間大圓餅」和「印象深刻事件」的回顧中，可以看到哪些價值觀（參見表8-1）在主導著自己的行為和想法，請你將自己整理所得的生涯價值觀在下表中打勾。

表 8-1　生涯價值觀檢核表

過程／抽象（歷程）	過程／具體（型態）	結果／具體（目標）	結果／抽象（型態）
□審美性 具此價值觀者，很重視美感。希望我做出來的東西都能帶有一些美感和藝術氣息。追求美感的呈現，不喜歡醜陋、平板的事物。	□職場（物質）環境 具此價值觀者，選擇工作時，會特別注意該工作所提供的工作環境。喜歡在安靜舒適的環境下工作，會避免去從事室外與吵雜的工作；也會盡量去經營自己的工作環境，使它更舒適而適合工作。	□威望 具此價值觀者，較看重自己的尊嚴與威望。希望所從事的工作能帶給他較好的名聲，也希望能因此獲得別人的尊重和肯定，對社會地位較高的職業，如：大學教授、民意代表、政治人物等會較有興趣從事。	□利他主義 具此價值觀者，有較明顯的理想性格，工作的目的是為了要造福人群，喜歡從事能夠幫助別人的工作，希望因自己的付出而讓社會更加美好。
□自主性 具此價值觀者，能安排自己該做的工作。很有主見，別人的意見通常只是僅供參考，堅持己見是常有的事。	□工作中人際關係 具此價值觀者，重視與同事和上司的關係。喜歡在工作中認識很多朋友，更希望自己在工作中的人際關係能夠和諧，除了工作時間之外，也喜歡和同事來往、交流。好的同事關係能帶來較大的滿足，而不佳的同事關係，則會影響工作效率，甚至影響生活。	□經濟報酬 具此價值觀者，工作的主要目的在獲取報酬，重視財富的累積，收入的高低常會有意無意的影響他對工作的選擇。	□崇法修德 具此價值觀者，重視工作的正當性。不去從事不正當的、不合乎道德的、或不合乎法律的工作，更不希望他的工作會造成對他人直接或間接的傷害。
□挑戰性 具此價值觀者，喜歡面對不同的挑戰，寧願失敗也不願意守成，喜歡向自己的極限挑戰，不斷超越自己的成就。		□成就 具此價值觀者，較看重工作中的成就感，希望能有成功、突出的表現，也能因為一項工作的完成而獲得滿足。喜歡從事能夠看得到具體成效的工作。	□心靈成長 具此價值觀者，希望能在工作中促進自我成長，並透過工作認識各種不同個性、生活背景的人。

（承上表）

過程／抽象（歷程）	過程／具體（型態）	結果／具體（目標）	結果／抽象（型態）
□ **變異性** 具此價值觀者，希望他的工作是多采多姿富變化的，不喜歡每天都做同樣的事，更討厭呆版、單調，會期待工作中每天都能遇到新鮮事。	□ **對組織及工作的影響力** 具此價值觀者，希望能對所在的機構有所影響，喜歡領導別人一起工作時的能力感，而不喜歡無從改革的無力感；若自己無力改變組織中不合理的現況，則會感到比其他人更深的挫折感。因此，常是組織中最有影響力的領導者。	□ **升遷及個人發展** 具此價值觀者，較重視工作的長期發展，在考慮選擇工作時，會以升遷、進修、在職訓練機會較多，或長期發展趨勢看好的工作為優先考慮。	□ **自我充實** 具此價值觀者，對於工作的附帶效益較重視。希望工作能使他獲得更多的知識、增廣見聞、不斷進步，喜歡動腦筋想新的點子。
□ **安定性** 具此價值觀者，較重視工作的安定性而不是冒險性。不希望經常調職，希望捧著鐵飯碗，即使遇到經濟不景氣，也不會被裁員，很少會想要換工作，是公務人員最重視的價值觀。			□ **生活安適** 具此價值觀者，最重視能過安適的生活，不希望從事太辛苦的工作，也不喜歡因工作而讓生活過得太緊張，認為工作應該要輕鬆、愉快，過得去就好了。
□ **實現性** 具此價值觀者，其工作目的在於能夠表達自己的想法和看法，喜歡能表現自我風格的工作，更希望能將個人理念透過工作而付諸實現。		□ **專業表現** 具此價值觀者，希望能在工作中發揮所學，因此，一份適合自己個性、興趣的工作是很重要的；而在工作中能夠展現個人能力，貢獻所學及專長最能帶來滿足。	□ **休閒時間** 具此價值觀者，較重視假期，希望有較多較長的假期，無法接受忙碌得幾乎沒有休假的工作，也不希望工作會妨礙到他自由自在的生活。

當然，對於個人價值觀的進一步探索和釐清，我們還可以到學生輔導中心尋求「工作價值觀」測驗服務。最後，別忘了寫下單元活動的心得。

_____

_____

_____

參考書目

劉淑慧（民 85）：人生觀——生涯領域錯失的一環？《輔導季刊》，
　　32 卷，2 期，52-61 頁。

楊國樞（民 71）：當前大專青年的價值觀念。《中國論壇》，13 (7)，
　　16-19 頁。

Kluckhohn, C (1962). Value and value-orientations in the theory of action:
　　An exploration in definition and classification. In T. Parsons & Shils
　　(Eds.), *Toward a General Theory of Action*. NY: Harper.

Rekeach (1973). *The nature of human values*. NY: Free Press.

——✦ 單元技術指引與討論 ✦——

一、工作價值觀的向度

　　價值觀是工作或活動的動力，是個人評價外在事物，以及決定是否投身不同行、職業的依據；譬如有人願意終身從事社會慈善工作，有人願意投身商業交易的工作，這些差異都是源自不同的價值觀念。

　　在民主的社會，有人高唱「做總統，人人有機會」；但不見得人人都「想做總統」。每個人隨著生活體驗的增加，自然發展出個人的價值觀念。有些人可能很清楚自己的某些價值觀，而較未覺知其他的價值觀；也有些人會覺得不容易明白自己的價值觀，但不意味著價值觀對個人沒有影響。

　　價值觀是一持久性的信念，是個人社會對某種行為（conduct）或存在狀態（end-state of existence）的偏好狀態（Rekeach, 1973）。楊

國樞（民71）更認為價值是個人人格結構的核心，而且是社會型態的反映，價值觀包含著認知、情感和行為的成份，並影響個人在日常生活中對不同目標或事物的選擇。概括而言，價值觀是用以標定事物的一套原則或系統，人們依其價值觀系統給予各種事物不同的價值標定。價值觀導引我們日常生活的言行運作，也影響我們的評價和感受。而工作價值觀即為價值系統中的一部分，個人的工作價值觀應與其整體價值觀系統呼應一致。

故而，個人工作價值觀的探索，亦應能反映其個人整體價值觀系統。誠如劉淑慧（民85）將人生觀陳述的內涵分就「具體／抽象」、「結果／歷程」兩個向度來觀察，並且得到生命歷程、生涯目標、生活型態三個內涵領域。有關工作價值觀內涵（或類別）的探索是否亦可以採「具體／抽象」、「結果／歷程」兩個向度來加以分類，而嘗試將價值觀加以組織架構化。從另一方向來說，我們是不是可以用「具體／抽象」、「結果／歷程」兩個向度來探索、歸納個人的工作價值觀，以使工作價值觀能契合人生價值觀。

就此而言，筆者擬不採劉文「如果生涯學者期待協助人們活出自己想要的人生，也許應該稍稍放緩導引人們理性的分析與積極的規畫的努力」的論點，而相信「在從事生涯輔導或生涯規畫時，輔導員和個人應該全面周延的關照當事人或個人的整體人生觀」。而在模式的開發和研究上，如果作者提出的模式是可以接受的，那我們要進一步思考的是如何來幫助人們釐清人生觀的完整內涵，是不是有一些活動可以引導人們更周延的釐清個人的人生觀、有沒有工具可以幫助個人評估人生觀。如果我們能夠採「具體／抽象」、「結果／歷程」兩個向度來探索、歸納個人的工作價值觀，是不是可以得到呼應個人生命歷程、生涯目標、生活型態三個內涵領域的價值觀。

以這樣的思考脈絡，我們嘗試將現有的評量工具（林幸台、李華璋、林清文，未出版）所列出的工作價值觀區分為四個類別：

```
                              結果
利他主義                      │
崇法修德                      │    威望
心靈成長                      │    經濟報酬
自我充實                      │    成就
生活安適                      │    升遷及個人的發展
休閒時間                      │    專案表現
                              │
        生活型態 (II)         │  生涯目標
抽象 ─────────────────────────┼───────────────────── 具體
        生命歷程              │  生活型態 (I)
                              │
審美性                        │    職場（物質）環境
自主性                        │    工作中的人際關係
挑戰性                        │    對組織及工作影響力
變異性                        │
安定性                        │
實現性                        │
                              │
                              過程
```

　　其中，「結果／具體」領域的工作價值觀，諸如：威望、經濟報酬、成就、升遷及個人的發展、專業表現等的追求，近於劉文所謂的「生計目標」；「過程／抽象」領域的工作價值觀，諸如：審美性、自主性、挑戰性、變異性、安定性、實現性等的追求，近於「生命歷程」；而「過程／具體」和「結果／抽象」領域的各項工作價值觀，諸如：職場（物質）環境、工作中的人際關係、對組織及工作的影響力、利他主義、崇法修德、心靈成長、自我充實、生活安適、休閒時間等，應近於生活型態的追求。當然，這樣初步的架構仍需要進一步的驗證。包括各領域價值觀類別的歸納仍需採用 LISREL 的因素驗證分析方法，加以檢驗。李華璋（個別討論場合）也曾建議用MDS（Multi Dimension Scale）統計方法來做向度歸納。

　　如果這樣的工作價值觀架構能夠建立，則劉文「人生觀是傳統生涯輔導領域所缺」的評述，就可以得到處理。輔導工作者亦可進一步

嘗試設計活動,引導人們更周延的釐清人生觀,乃至發展工具幫助個
人評估人生觀。

參考書目

劉淑慧(民85):人生觀——生涯領域錯失的一環?《輔導季刊》,
    32卷,2期,52-61頁。

楊國樞(民71):當前大專青年的價值觀念。《中國論壇》,13(7),
    16-19頁。

Kluckhohn, C (1962). Value and value-orientations in the theory of action:
    An exploration in definition and classification. In T. Parsons & Shils
    (Eds.), *Toward a General Theory of Action*. NY: Harper.

Rekeach (1973). *The nature of human values.* NY: Free Press.

二、工作價值觀的教學與省思

古人說:「他鄉遇故知,久旱逢甘霖;洞房花燭夜,金榜題名時」
是人間四大快樂的如意事,值得大書特書。在人生的如意事中,你認
為最值得一書的是什麼?為什麼呢?你認為人生最值得追求的事情是
什麼呢?對你有什麼意義呢?

價值觀通常是最深層的,不外露的。朋友間可能可以分享彼此的
人格類型、個人風格,但也不輕易展示明顯價值觀。價值觀對每個人
而言也就因此變得更加深邃幽暗,而成為導引人們日常生活中的一股
不易察覺而又無所不在的力量。價值觀的探索與察覺是生涯規畫的一
個重要的課題。

換言之,價值觀的探索應是生命歷程中恆常存在的課題,我們應
該承認「價值系統具有相當程度的穩定性,但亦有少部分會隨著個人
的生活經驗而變動」(Rokeach, 1973)。特別是有些年輕人可能更需

要引入歲月經驗和自省思考，以逐漸的凝聚定型個人的價值觀。故而，本單元的引導活動強調價值觀的重要，並協助學員開始探索個人的價值觀並嘗試得到初步的「自我描述」，而不意味著在單元內的活動設計可以得到最後的答案。

筆者經過多次的實地教學使用，發現對大學新生而言，本單元的進行似乎仍有些困難。在三個小時的單元活動之中，部分學生似乎不容易投入。其間，也許可能是價值觀對大一學生而言，仍是比較抽象的，年輕人較不易進入價值觀的自省。

以課程設計者個人為例，一直到最近年屆不惑，才對人生價值有比較深入的體驗。才稍微思考到這一輩子，「什麼東西要」、「什麼東西不要」的課題。在年輕的歲月中，隨世沉浮，忙於應付課業以及情感的追逐，的確少有時間停下來，問自己要什麼，不要什麼。通常這樣的課題總應該是忙完了這樣追逐之後，生活定下來了，心情也沉澱下來，才更能夠返景自照，深切的明白在生命中什麼是要的，什麼是不要的。否則，身在追逐的歲月之中，每日有年輕的生命可供享用，有追逐不完的東西要去擁有，的確不容易讓自己思索價值觀的課題。但也正因為年輕的歲月是如此有限，我們更要引導學生思考自身的價值觀。

此外，或許「單元活動設計可能太過枯燥」，「相關的舉例和說明不夠清楚，不易引發學生的興趣」，這些情形也都是仍待檢討的。引導者仍需以個人的體驗深入說明價值觀與生涯發展的關係，引發學員自我探索的動機。

在活動進行過程中，引導者可就記憶中較為突顯的事件和人物，說明價值觀對人們生活安排、時間與資源運用的影響。例如，筆者曾提及報載，藝人孫越先生在演藝事業達到高峰之際，宣佈減少商業表演而投身公益事業；以及個人近日的生活回顧，和延緩論文升等準備的打算，希望幫助學生起而注意價值觀與生涯發展的關係。

本單元究竟不是「時間規畫研習」或「印象之旅」，在單元活動

的引導上，不宜過於將焦點集中在活動本身，而忽略引導學員從時間運用反省和事件內容回憶中，跳出來看「從這些活動和想法中，自己看重或在乎的是什麼」。例如，曾有學生的心得寫道：

> ……乍看之下，會覺得時間過得很充實，但細細研究，發現有一些時間是浪費掉了，例如花太多精神在妝扮自己，或者是電話聊天的時間太長了……等等，如果把這些時間節省下來，那麼我可以多做一些事，多看一些書。因此，利用這些方法檢視自己的生活，不但可以看出自己把時間花在哪裡，更可對時間做一番規畫和安排。

這樣用心的思考，的確可感。如果活動方向再帶入思考「為什麼會有這些想法呢？」則學員或許更能夠進一步再看到「自己在乎、看重的事物（價值觀）」，而不僅止於檢視生活與時間安排。後者有其意義，但顯然並不能與本單元的目標匹配。這是值得注意的。

對大學新生而言，經由本單元的幾個活動探索所得的價值觀可能會有所出入，且不必視為缺失。可以將評量的重點置於學生是否引入價值觀來思考生涯發展，以及對價值觀系統的認識等。

在工作價值觀的探索上，我們也可以引導學生分別思考「生命歷程」、「生計目標」、「生活型態」等領域的價值觀。接受人們對三個領域的不同重視程度；也認知到三個不同重要程度領域的價值觀，交互的影響著個人的情感、認知和行為。

這樣的活動可能不是很系統的，不是很嚴謹實證的東西。在活動目標上，我們只是讓學生開始做價值觀的探索思考。活動分享時間的重點則可置於所列的特定價值觀對個人的意義、價值觀與職業的關係。在每次探索活動之後都可以建議學生，如果對這方面有更進一步的了解，可以到輔導中心尋求心理測驗的協助。

不論如何，價值觀的確是影響個人生涯決定的重要因素，我們希

望自己所做的生涯選擇能夠符合自己的價值觀。本單元的活動目標就在於個人價值觀念的探索與澄清。

參考書目

劉淑慧（民 85）：人生觀──生涯領域錯失的一環？《輔導季刊》，32 卷，2 期，52-61 頁。

楊國樞（民 71）：當前大專青年的價值觀念。《中國論壇》，13 (7)，16-19 頁。

Kluckhohn，C (1962). Value and value-orientations in the theory of action: An exploration in definition and classification. In T. Parsons & Shils (Eds.), *Toward a General Theory of Action.* NY: Harper.

Rekeach (1973). *The nature of human values.* NY: Free Press.

三、職業偏好比較活動的操作

就引導價值觀澄清的目的而言，目前發展出來的價值觀探索活動設計有很多可以採用。洪有義教授早期寫了一本價值澄清法的書（洪有義，民 71），即有相當多探索價值觀的活動設計。除了這些活動設計之外，我們也可以焦點詢問法，要求學生從回憶印象深刻的事情，來溯尋更深處的價值觀。例如：

問：你想想，你印象最深刻的是哪幾件事？

答：我考上大學那件事印象最深刻，還有一次我一個高中的朋友跟我吵架。

再問：為什麼印象會最深刻？想想為什麼？

答：因為考上嘛！考上就很高興嘛！

再問：為什麼考上很高興？

答：考上了很有成就啊！

這是不是他的一個價值觀?透過這種引導式的談話或自問自答,也可幫助人們直指內心,發現個人的價值觀。

此外,以 G. A. Kelly 的個人建構理論(theory of personal construct)觀點出發的「偏好職業比較」活動,也可以協助學生做價值觀的探索。以下的「偏好職業比較」活動引導資料,可供擬變化單元活動設計的使用者參考。

(一)說明

本「偏好職業比較─價值澄清活動」,主要目的在蒐集各位在選擇職業時所考慮的想法,供做研究用途,並希望透過此次活動,能讓各位了解自己在選擇職業時的價值觀,對各位有所助益。

(二)進行方式

1. 首先請學員在「偏好職業比較表格」(表 8-2)的最上一列各欄中分別填寫七種最熟悉的職業名稱。

注意:

(1)所填職業名稱中至少應有一項是填答者現在從事的工作;若有一個以上願意從事的職業也可以。

(2)所填寫的職業名稱請盡量具體。

(3)所填寫的職業請不要重複;各項職業名稱亦不宜過於雷同,以免不易比較;惟學員自身若能加以清楚區分,則亦無不可。

(4)如果一時想不出七個職業來,沒關係,請學員想一想他周圍的人或者親友的職業,或者是在報刊、雜誌上看過的職業,選幾個較熟悉的職業填入。

2. 其次,請學員比較對所填寫的第一個職業與第二個職業的偏好程度。即「在這兩個職業中,哪一個是你比較願意去做的?並請在相對應的欄位中寫下你比較願意去從事該一工作的原因或理由。」

注意：

(1)可請學員試著想想：「我比較願意去做……（工作）是因為……。」

(2)各職業偏好的理由可填寫一項以上，並請盡量多寫。

(3)如果所比較的兩項職業，學員都不願意從事，但仍請就其中選擇一項較願意從事的，並寫下理由。

(4)兩者相比，若比較偏好第一個職業則將偏好的原因寫在 1:2 欄（在第一橫列下方）；若比較偏好第二個職業則將偏好的原因寫在 2:1 欄（在第二橫列下方）。

(5)若是因為比較不喜歡第一個職業，而願意選擇第二個職業，則請將不喜歡的理由寫在 1:2 欄內，但請在不喜歡的理由前面加上一個 x 以表示不喜歡。

(6)若學員一時想不出來兩個職業的不同，則試著以下列指導語引導：「這兩個職業有什麼不同呢？對你自己來說，是不是有不一樣的意義呢？」

(7)先引導學員做完一至二個職業的比較，讓學員熟悉填寫的方式，再讓學員自行填答，並鼓勵學員在作答有困難時發問。

3.在完成各項職業偏好程度的比較之後，請填答者就所列九項職業中，選取一項最願意從事的工作，並以該項職業之下的各項偏好理由，對照所提供的職業價值觀分類表，做為檢視、討論個人職業價值觀的參考。

表 8-2 偏好職業比較表

請在下列各欄中填寫你較熟悉的七項職業名稱，並做偏好的比較：

職業名稱	7	6	5	4	3	2	1
1	7>1 因為…	6>1 因為…	5>1 因為…	4>1 因為…	3>1 因為…	2>1 因為…	
2	7>2 因為…	6>2 因為…	5>2 因為…	4>2 因為…	3>2 因為…		1>2 因為…
3	7>3 因為…	6>3 因為…	5>3 因為…	4>3 因為…		2>3 因為…	1>3 因為…
4	7>4 因為…	6>4 因為…	5>4 因為…		3>4 因為…	2>4 因為…	1>4 因為…
5	7>5 因為…	6>5 因為…		4>5 因為…	3>5 因為…	2>5 因為…	1>5 因為…
6	7>6 因為…		5>6 因為…	4>6 因為…	3>6 因為…	2>6 因為…	1>6 因為…
7		6>7 因為…	5>7 因為…	4>7 因為…	3>7 因為…	2>7 因為…	1>7 因為…

——❀ 工作價值觀的解說 ❀——

審美

在這一個分量表分數高的人較重視美感，希望自己做出來的成果都能帶有一些美感和藝術氣息；追求美感的呈現，不喜歡醜陋、呆板的事物。

自主性

能安排自己該做的工作。很有主見，別人的意見通常都是僅供參考，堅持己見是常有的事。

挑戰性

在這一個分量表分數高的人喜歡面對不同的挑戰，寧願失敗也不願意守成，喜歡向自己的極限挑戰，不斷超越自己的成就。

變異性

在這一個分量表分數高的人，希望他的工作是多采多姿而富變化的，不喜歡每天都做同樣的事，更討厭呆板、單調，會期待工作中每天都能遇到些新鮮事。

安定性

在這一個分量表分數高的人較重視工作的安定性而不是冒險性。不希望經常調職，希望捧著鐵飯碗，即使遇到經濟不景氣，也不會被裁員，很少會想到要換工作，是公務人員最重視的價值觀。

實現性

在這一個分量表分數高的人，其工作目的在於能表現自己的想法和看法，喜歡能表現自我風格的工作，更希望能將個人理念透過工作而付諸實現。

工作環境

在這一個分量表分數高的人在選擇工作時，會特別注意該工作所提供的工作環境。喜歡在舒適安靜的環境下工作，會避免去從事室外、吵雜的工作；也會盡量去經營自己的工作環境，使它更舒服而適合工作。

與同事的關係

在這一個分量表分數高的人，重視與同事和上司的關係。喜歡在工作中認識很多朋友，更希望自己在工作中的人際關係能夠和諧，除了工作時間之外，也喜歡和同事來往、交流。好的同事關係能帶來較大的滿足，而不佳的同事關係，則會影響工作效率，甚至影響其生活。

對組織及工作的影響力

在這一個分量表分數高的人希望能對所在的機構有所影響，喜歡領導別人一起工作時的能力感，而不喜歡無從改革的無力感，若自己無力改變組織中的不合理現況，則會感到比其他人更深的挫折感。因此，常是組織中最有影響力的領導者。

威望

在這一個分量表分數高的人較看重自己的尊嚴和威望。希望所從事的工作能帶給他較好的名聲，也希望因此能獲得別人的尊重和肯定，對社會地位較高的職業，如，大學教授、民意代表、政治人物等會較

有興趣從事。

經濟報酬

在這一個分量表分數高的人，工作的主要目的在獲取報酬，重視財富的累積，收入的高低常會有意無意地影響他對工作的選擇。

成就

在這一個分量表分數高的人，較看重工作中的成就感，希望能有成功、突出的表現，也能因為一項工作的完成而獲得滿足。喜歡從事能夠看到具體成效的工作。

升遷及個人的發展

在這一個分量表分數高的人，較重視工作的長期發展，在考慮選擇工作時，會以升遷、進修、在職訓練機會較多，或長期發展趨勢看好的工作為優先考慮。

專業表現

在這一個分量表分數高的人，希望能在工作中發揮所學，因此，一份適合自己個性、興趣的工作是很重要的。專業知能是他們最重要的工作資本，而在工作中能夠展現個人能力，貢獻所學及專長最能帶來滿足。

利他主義

在這一個分量表分數高的人，有較明顯的理想性格，工作的目的是為了造福人群，喜歡從事能夠幫助別人的工作，希望因自己的付出而讓社會更加美好。

守法崇德

在這一個分量表分數高的人特別重視工作的正當性。不會去從事不正當的、不合乎道德，或不合乎法律的工作，更不希望他的工作會造成對他人直接或間接的傷害。

心靈成長

在這一個分量表分數高的人，希望能在工作中促進自我成長、並透過工作認識各種不同個性、生活背景的人。

自我充實

在這一個分量表分數高的人對於工作的附帶效益較重視。希望工作能使他獲得更多的知識、增廣見聞、不斷進步，喜歡動腦筋想新的點子。

生活安適

在這一個分量表分數高的人，最重視能過安適的生活，不希望從事太辛苦的工作，也不喜歡因工作而讓生活變得很緊張，認為工作應該要輕鬆、愉快，過得去就好了。

休閒時間

在這一個分量表分數高的人，較重視假期，希望有較多、較長的假期，無法接受忙碌得幾乎沒有休假的工作，也不希望工作會妨礙到他自由自在的生活。

晚簾疏處見分明

✦ 單元目標 ✦

整合個人特質的探索，建立生涯期待，並找出暫定的生涯目標。

✦ 活動說明 ✦

說明自我特質與生涯期待之關係，填寫「生涯與我」清單，進行「生涯路──腦力激盪」和「熱椅」活動。引發生涯目標的思考。

✦ 單元活動 ✦

歷經了個人「生涯興趣」、「個人風格」和「生涯價值觀」的探索活動，或許對個人的諸多特質，有了更深入的認識與關切。你（妳）也許對這些自我探索的「架構」或「名詞」感到好奇，甚至引發更多的「疑竇」。當然，利用本手冊提供的架構，繼續自我探索是必要而有益的。

　　而也許你（妳）此時更希望能夠統合目前自我探索的結果，為自己的生涯發展理出方向。接著，請你（妳）整理自我探索（第六、七、八單元）資料，列出個人的生涯期待，填寫「生涯與我」清單（見表9-1）。

是的，在回顧自己的「生涯興趣」、「個人風格」和「生涯價值觀」之後，我們的確比較容易為自己建立明確而合乎個人條件的生涯期待。

　　當然，呈現在我們面前的是豐富多樣的生涯路。即便已經進入了大學主修領域，我們仍需擴展選擇的視野。接下來，我們不妨一起腦力激盪，以「接力賽」的方式，在黑板寫上大家未來可能的出路（生涯目標）。盡可能想出各種可能出路，直到有人重複爲止。

　　大家一起想出來的這些出路或目標，希望是愈具體的愈好，例如，「國中輔導教師」就比「輔導教師」具體而好。

　　接著，想想黑板上，同學們想到的這些出路之中，有沒有自己比較感興趣的呢？把它（們）記在下列的空欄中：

　　好的，我們的確可以從朋友或同學這兒得到寶貴的助益；當然，你（妳）更是同學們重要的「貴人」。就讓我們學會相互幫助吧！

　　我們先拿出一張「空椅」，並名之爲「熱椅」。大家輪流坐上「熱椅」，並參照「生涯與我」清單（見表9-1）上的資料，大聲說出自己的個人特質與生涯期望。其他坐在自己

位置上的「貴人」們，可以參考剛才腦力激盪所得的生涯路，
引導「熱椅」上的人思考：

1. 在個人條件和生涯期待下，可以
   考慮哪些生涯目標？
2. 在這些生涯目標的追尋中，個人
   可能遭遇哪些困難？
3. 就生涯目標的追尋，個人需要哪
   些生涯能力或準備？
4. 如何可以得到關於此一生涯目標
   的進一步資料？

人多口雜，「意見多而不同」的結局總是難免。生涯是自己
的，生涯目標的確認當然要由自己來思考。聽過諸多「貴人」
的高見之後，對自己的生涯目標是不是已有些想法？是不是
有了些暫定的生涯目標呢？可能不只一、二個目標吧？其間，
孰好孰壞？有無可能？在在都是問題，而且對這些生涯目標
的了解似乎也還不夠。沒關係，在下一個單元，我們正可就
個人暫定的生涯目標做更進一步的探索。

寫下單元活動的心得吧！

_____
_____
_____
_____
_____

表 9-1 「生涯與我」清單

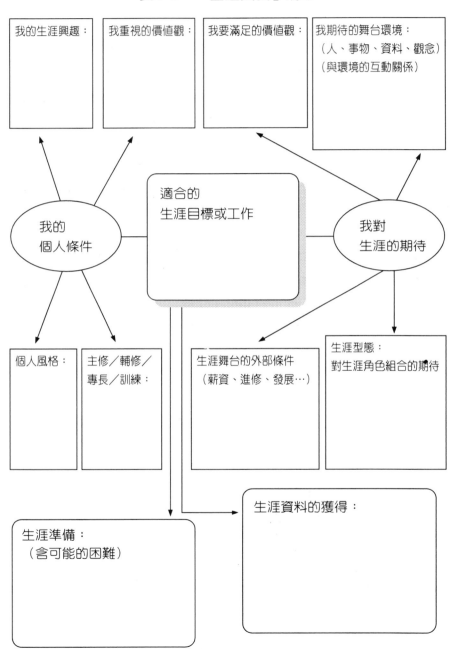

❧ 單元技術指引與討論 ⧉

一、幫助大學生形成暫定的生涯目標

　　從時間的向度來看，生涯目標有短期目標和長期目標之分。短期的生涯目標，諸如：修畢教育學程、參加農村服務隊增加人際關係、學習電腦網路知能、增進英日語會話能力、多陪家人，把愛回饋給父母；長期的生涯目標，諸如：成為一個中學輔導教師、成為一個好爸爸、成為一個釣魚高手等。

　　短期生涯目標通常需要以長期生涯目標做為依歸，才能夠整合、明確而有動力。而長期的生涯目標則需要同時兼顧更長時間的個人和環境因素，而必須具備更多的彈性（Gelatt, 1989）。換句話說，長期生涯目標既不是「一體成型」，也不是「無可移異」，而是邊走邊修，逐漸具象定型。隨著身心特質的發展與自我覺察，大學生可以漸次形成數個暫定的長期生涯目標，做為建立短期生涯目標的依據，引導個人尋求學習和發展的努力。

　　本單元承本篇第六到第八單元的自我探索，用以協助大學生總結歸納個人身心特質的發展與自我覺察，初步形成數個暫定的長期生涯目標。暫定的長期生涯目標的形成對於本手冊後續各單元的職業與教育、環境資源探索，以及生涯計畫的規畫，有指引鵠的的重要性。通常部分學生在本單元不能形成較具體的生涯目標，主要的困難可能包括：

1. 在生涯目標的形成上似乎還有一些其他的因素，如一些成長的經驗、生命中的重要事件等要考慮。例如本手冊第三單元對生涯角色和生涯型態的探索即是影響個人長期生涯目標形成的重要因素。

2. 熱椅活動沒有落實。未能落實活動也有兩種可能原因，一個是活動的時間不充分，尤其在示範之後的時間各組實際操作的時間不足。就此而言，未來在實施時，要更明確規畫活動時間，並統一強制換手時間。另一個可能原因是個別學生自身的開放性不足，不能真實地向同組同學提供具體的個人條件和生涯期望，便不容易獲得適切的回饋。就此而言，活動之初的導引和提示是非常重要的。

3. 個人的特質不夠清楚。在大學的初期，個人的許多條件都還在發展之中，即便是經過了三個自我探索單元，但對自己各方面的探索仍不易形成具體的認識。就此困難，倒是可以鼓勵學生以「嘗試在既有的資料和認識之下，做一些暫定的結論，以引導自己做後續的探索」的心情，來發展暫定的長期生涯目標。事實上，人生的確都是在資料不充分完備的情況下做決定，隨時隨地都是先整理眼前的資料，得到暫時的結論，對環境做出初步的反應，再進一步根據反應的結果，來修正結論，或做進一步的探索和資料收集。要提醒同學，大膽的形成暫定生涯目標之後，在後續的許多單元中，仍然可以有機會做修正。甚至在人生路上，都可以修正。在這個單元中，我們的假設是「有暫定的生涯目標總比沒有好；想得更充分的生涯目標會更好」。

4. 個人生涯期待不明顯。這個困難和前述的困難有些共同之處。此外，人們對於生涯「逆來順受」的心情或過度自信，也可能造成覺察生涯期望的障礙。

整體來說，本單元除了正向引導大學生形成暫定的長期生涯目標之外，也應該注意「在本單元前述活動中未能形成暫定生涯目標者」的學生，協助他們探索「如果沒有暫定目標，要用什麼態度參加後續單元」、「在生涯路上可以有何後續努力」等。

此外，在後續的單元中，不但要不斷回顧暫定長期生涯目標，同時也要讓學生依各後續單元探索的結果，回頭再確認或修正暫定生涯

目標。以暫定生涯目標而言，後續各單元的活動和第九單元的關係如次：

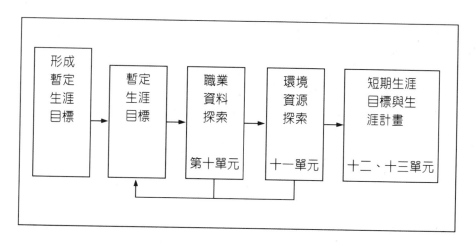

參考書目

Gelatt, H. B. (1989). Positive uncertainty: A new decision-making framework for counseling. *Journal of Counseling Psychology, 36 (2)*, pp. 252-256.

二、從生涯期望的統整到長期生涯目標的形成

這個單元是本活動方案中較為獨特的一個單元，同時也是一個很關鍵的單元，希望能夠統整前三個自我探索單元的結果。在本單元中暫定生涯目標應做較明確的說明，而應鼓勵成員擬出較具體的生涯目標三至五個，以為後續單元進行之依據。

在「生涯與我」清單上包括了「自我特質的了解與統整」、「生涯期望」、「可能的生涯目標」和「朝向生涯目標相關的需要」等四個部分。在活動程序上可以先說明清單上的這四個部分，而後逐項引

導學生填寫,而不要一次寫,每項填寫之後可以讓學生做成對的分享與討論。

「自我特質的了解與統整」(我的個人條件)是集合前面三個單元(第六、七、八單元)的探索結果。可以讓學生將前面三個單元對生涯興趣、個人風格和價值觀的探索結果整理下來。事實上,如果學生在前面三個單元能夠用心的做,這一部分的填寫是比較沒有問題的。特別是前三單元活動結束之前,指導的老師應該要指導學生對單元做一個回顧,在單元中,了解自己有哪些特質。以單元內的架構而言,對自己有哪些看法或結論。這些都是在自我探索各單元中所該要求學生的。

在前述的各單元中,有些學生可能不夠投入單元活動,無法用該單元的架構來探索自我;或者有些學生對單元架構的認識仍然有些模糊,或者個人的人格特質較不分化;此外活動本身缺點也是要考慮的,總之這些限制使得學生在自我探索單元,不能透過探索活動來認識自己。

也有些學生反而經過這些探索活動,更嚴謹的來面對自我探索而不願意輕易對自己的特質做下結論,這時候學生也可能會沒有自我認識的結論。不論如何,在單元活動結束之後除了鼓勵學生檢視自己這個單元的投入及收穫之外,更要鼓勵學生用這個單元的概念架構對自己做一個描述。前述單元的結束統整回顧與描述就是填寫本單元這一部分的基礎。

在填寫本部分時,有些學生因為前述自我探索單元缺課或參與不足沒有心得,在填寫本部分就會顯得空洞或寫沒幾個字。就此而言,我們也可以從學生在「生涯與我」清單這一部分的填寫來評估學生在前述三個單元的學習成果。遇到這個部分填寫困難的學生,課程指導者正可以深入了解學生的學習狀況及學習困難,或者活動設計及教學方法上的缺失。

不論如何,對於自我探索心得較貧乏的學生,可以以這個單元做

爲起點，鼓勵學生嘗試用前述架構快速的檢視自己，形成初步的自我認識，做爲進行本單元的起點。

　　在整個方案的進行上，教學者宜在本單元進行之初就將學生自我探索單元的作業批閱交還學生，讓學生在這個單元真正有一個整合自我探索結果資料的機會和心情，也做爲填寫本部分資料的依據。這樣的心情對本單元的進行應有相當重要的意義。

　　本單元可用個人風格的相關理論資料爲架構，談談各個面向自我探索的一致與不一致現象及其意義。

　　惟若以 Holland（1985）的論點來看，本單元是希望能導致學生職業認同的提升。Holland（1985）指出，職業認同是指個人對自身的目標、興趣及能力擁有一清晰且穩定的圖像的程度，亦指個人能縮小其渴望到一群較小範圍的職業目標，並據以進行生涯抉擇的自信程度。相反的，不良的職業認同使個人存在著多重的或矛盾的職業目標，且在抉擇時缺乏信心。低度的職業認同，導致個人的生涯不確定。未來在本方案的實證研究上，可以在這一單元結束後，實施職業認同量表，以了解本方案（手冊）第三部分的實施成效。

　　其次，「生涯期望」的部分（我對生涯的期望）是活動過程中學生發問較多的部分。基本上，在表格設計上的想法是，當我們對自己形成某種程度的想法之後，我們就更有餘裕來和環境互動。在和環境互動之際也更能夠從自己的特質或條件出發，來建立我們對環境的要求或期望，這時候的期望也可能更適合自己。

　　我們鼓勵學生不斷釐清自己對環境的期望。正如同孔子鼓勵他的學生各言其志一樣，學生如果能夠對他未來的環境建立期望，他可能可以對自己有較高的滿意，也較能夠投入達成他對未來期望的努力中。即使當前的個人條件或外在環境仍有些限制，他也會對環境較少抱怨而有較多的努力與行動。

　　對未來有所期待的年輕人，他可能較有方向感而較少一些負面的感受。如果以生涯定向量表進行評量，在生涯期望這一部分填寫較多、

較具體的學生，他的生涯感受應較少負向感受。另一方面，生涯期望的釐清，也可以幫助學生建立或檢查他的生涯目標。我們希望大學生生涯目標的建立，是在充分思考自己的生涯期望後而形成的。換句話說，生涯目標應該以清楚的生涯期望為依據。有些學生沒有生涯目標，但更溯源而言，他可能連生涯期望都沒有。

這裡所說的生涯期望和董倫河（民87）論文中的生涯抱負，或者L. S. Gottfredson的career aspiration概念並不完全一致。在董倫河的論文中，將期望和抱負區分開來，而稱期望是不考慮環境現實的目標想法，抱負是在考慮現實條件的目標想法。但不論如何，這兩者以及L. S. Gottfredson的career aspiration較著重的是「職業或生涯目標」。而在本單元中，我們要學生思考的是對有關未來生涯環境的某些要求。我們希望學生從這些要求的妥協過程中來思考可能的生涯目標，而不是直接就目標來思考。在董倫河（民87）的論文中，不論是期望或者抱負，都較限制在職業或教育地位與聲望，但是談到生涯目標的思考，我們認為應該還有其他的層面需要加以思考。

在引導學生發展生涯期望之前，教師也可以先行指導學生整理、歸納就讀學系或學程培育的本位能力，以及歷年畢業學長的出路發展，以幫助學生能夠更具體的就主修專長的應用領域，建立適切的生涯期望和暫定目標（範例如單元技術指引與討論的第四項）。

參考書目

劉淑慧（民82）：性別適切性、職業聲望、職業性向與職業興趣在職業評量上的相對重要性：以情境與刺激型態為中介變項考驗Gottfredson的理論。《中華輔導學報》，第一期，192-214頁。

董倫河（民86）：生涯發展方案增進國小六年級學生生涯成熟、生涯抱負之實驗研究。國立彰化師大輔導研究所碩士論文。

Holland, J. L. (1985). *Manual for the Vocational Preference Inventory*. Odessa

Fla.: Psychological Assessment Resources, Inc..

三、從劉（民 85）著看本單元的設計旨趣

在劉淑慧論文（民 82）的介述中，Gottfredson（1981）的志向選濾論，著重在職業志向的形成，以及性別適切性、職業聲望期望符合度及個人職業興趣、性向的符合度等因素對職業志向的影響及相對重要程度。如果拿 Gottfredson（1981）的志向選濾論和本單元的關係來說，在這個單元裡頭要讓學生探尋自己的生涯期望，而在釐清這些生涯期望之後，學生如何形成生涯目標，哪些層面的生涯期望與生涯目標更有關係，哪些生涯期望更能夠影響生涯目標的選擇，或者過濾掉不適切的生涯目標，則是 Gottfredson（1981）的論點所在。

職是之故，單元活動設計時，Gottfredson（1981）的論點可以幫助我們來思考有哪些層面的個人特質要放進來，因為在 Gottfredson（1981）的論點中，不是所有的條件都是相同重要的，我們要能夠找出一些較為重要的層面，引導學生釐清生涯期望。另一方面，Gottfredson（1981）的理論也可以幫助我們了解：當學生釐清其生涯期望，也試著從他人及其他生涯資源對某些生涯目標或職業有些認識之後，他會如何選擇他的生涯目標，或者在相關的提示之後，哪些生涯目標或職業會被他列入考慮，而哪些不會列入考慮。以本單元的進行來說，經過熱椅活動，主角在聽取「貴人」們的諸多提議之後，有哪些職業會被他填在適合的工作類型或生涯目標呢？ Gottfredson（1981）的論點正是著重在這個選擇歷程的詮釋。

但是，在討論性別適切性、職業聲望期望符合度及個人職業興趣、性向的符合度等因素對職業志向的影響之前，我們或許更需關心，年輕的學生們是不是已經有明確的生涯期望；他是不是準備好要去做選擇呢？如果學生自身沒有明確的生涯期望，生涯目標的選擇就變成「隨緣看時機」的碰運氣。Gottfredson（1981）的理論就顯得較無意義。

又如果環境並不容許學生做充分的選擇，換句話說，在性別適切性、職業聲望期望符合度及個人職業興趣、性向的符合度之外，有更多其他的因素（諸如家長的限制、環境的限制）影響學生的職業選擇，則Gottfredson（1981）理論的價值也就較受到限制。不幸的，筆者認為在台灣當前的社會中，這樣的限制是極可能存在的。

在負向循環下，年輕的學生自身對生涯的期望可能相當的模糊（到時再說的心態），而環境也較不問他們的生涯期望；最後，他們所做的選擇也可能和生涯期望有較少的關聯。就此而言，我們一方面更需要幫助學生們探索或釐清他們的生涯期望，另一方面則需再把其他的因素納入來看學生從生涯期望到生涯目標的思考歷程。

此外，在「生涯與我」清單中，單元設計旨趣在幫助學生釐清生涯期望。但要釐清的是哪些期望呢？這的確是當時設計清單時頗費思量的一個問題。筆者想這也可以是一個有趣的問題。或許我們可以實證的多找幾位年輕人問：「當我們談到生涯期望時，你會想到哪些事情？」從這些問題的回答中來釐清哪些是學生生涯期望的重要層面，也可以從這裡來決定這個單元的生涯期望要放入哪些問題。但筆者並沒有如此去做，而只是主觀的依據自己的想法來設計。談到對生涯的期望，我會在乎哪些事情（層面）？就這個問題，我的回答是這個生涯安排或工作（角色）可以滿足我哪些價值觀；這個工作（角色）是在什麼環境條件之下，通常要和哪些東西打交道，要用什麼方式來打交道；這個工作（角色）在經濟上或心理上可以給我什麼報酬；這個工作（角色）和我整體生涯的關聯如何。循著這樣的回答，筆者在清單的「生涯期望」部分列了「我要滿足的價值觀」、「生涯舞台的環境」、「外部條件」和「生涯型態」四個項目。上述四個項目在某個程度上，也能夠呼應本方案（手冊）第三部分「自我探索」各單元的內容。其中，「生涯舞台的環境」一項是希望學生能夠思考期待中的工作（角色）是什麼樣的性質，通常要和哪些東西打交道，要用什麼方式來打交道。前者和生涯興趣有關，後者和「個人風格」有關。不

過可能是說明的不夠完整,或者筆者原先的思考仍不清楚,學生在這個項目的填寫有較多的發問。似乎他們不容易明白「生涯舞台的環境」所指為何,和前面自我探索單元的內容有何關係。筆者想在修訂時對這一個部分可以再多作些斟酌。

從對問題的主觀回答回頭來檢視 Gottfredson 的論點,則劉淑慧(民82)的研究中似乎並未注意「價值觀滿足」和「個人風格的符合度」這兩個因素。當然在 Gottfredson 的論點,這兩個因素都可以歸入「心理因素的適切性」這個項目下,不過從 Gottfredson 的教育與研究背景來看(她曾是 Holland 的學生),Gottfredson 在談心理因素的適切性時,可能較偏重興趣和能力的適切上。從另一方面,價值觀和個人風格對生涯選擇與適應方面的研究似乎也較沒有明確的結論,而且價值觀和個人風格評量的可能性仍缺乏有力的支持,而相關職業資料系統仍未充分納入這兩部分的資料,也限制了「價值觀滿足」和「個人風格的符合度」這兩個因素重要性的討論。

筆者相信「工作提供個人價值觀滿足的程度」以及「工作環境和作業型態與個人風格的符合度」會是影響人們職業滿意以及離職與否的重要因素,特別是在一段時間的穩定工作之後,這兩個因素的適配與否,會浮出中年就業者在衡量滿不滿意以及轉換工作的思考之中。故而幫助年輕的學生在生涯規畫時探索這兩個部分是相當必要的。當然,在未來的研究中,對前述問題的實證探討是必要的。

從 Gottfredson 的論點和劉淑慧(民82)的研究所處理的變項來看,可以注意到她們兩位女性都特別注意到性別適應性對生涯選擇的影響〔雖然在劉淑慧(民82)的研究中「性別適應性對生涯選擇相對重要的影響並未得到實證支持」〕。這一個部分讓筆者思考到兩位研究人員的研究興趣是否和她們共同注意到職業世界的性別差異,以及人們明顯的職業性別刻板觀有關〔不過,劉淑慧(民82)的研究中,顯然發現職業性別刻板觀並不那麼影響人們的職業選擇〕。

一般而言,性別的話題在傳統生涯理論的教科書中是較少出現的。

性別話題出現在生涯選擇的研究中是否和當代的女性主義有關，筆者個人的確比較懷疑這個議題的重要性。特別是對大學生而言，性別刻板觀應該對其學系選擇有較大的影響，一旦進入學系之後，在職業選擇上，性別刻板觀的影響力就相對較低。

聲望的適切性也是 Gottfredson（1981）重視的變項，但如果從價值觀的觀點出發。聲望適切性在職業選擇的相對重要性，是否會因個人對職業聲望的重視程度（價值觀）而異。愈看重聲望價值的人可能對職業聲望有較高的期望，而在職業選擇上也愈看重職業聲望是否符合自己的期望。相對而言，較不重視職業聲望的人，可能對職業聲望的期望較低，而在職業選擇上也愈不重視職業聲望是否符合自己的期望。就此而論，聲望適切性在職業選擇的相對重要性似乎要視個人的聲望價值而定，要討論聲望適切性在職業選擇的相對重要性，應該先就個人價值觀的探索著手。

筆者並非認為職業聲望在個人的生涯選擇上不重要，在某種程度上，筆者可以同意 Gottfredson（1981）所謂「淘汰不符合自己職業聲望期望的職業目標」之說。但這句話的正確性應該是因人而異的，筆者相信有人在職業選擇上，是幾乎不考慮職業聲望的。筆者也相信有些人的職業選擇是比較考慮是否有較多的休假，或者能不能夠進修。

從這裡來看，Gottfredson（1981）的理論似乎是較不重視價值觀的概念。當然任何的生涯選擇理論都有「抽象思考」的本質，在論及生涯選擇時，Gottfredson（1981）和各家理論一樣，把選擇置放在一個完全選擇的真空情境來談，事實上，實際的選擇可能更糾葛著環境條件的限制。

當大學生漸次釐清他的生涯期望之後，他如何統合這些期望，使其成為可能追尋的長期生涯目標，並找出朝向生涯目標所必要的準備，應該是大學生生涯輔導工作中，必須注意的課題之一，而本單元正是嘗試提供此一工作模式的努力。

參考書目

劉淑慧（民82）：性別適切性、職業聲望、職業性向與職業興趣在職
　　業評量上的相對重要性：以情境與刺激型態爲中介變項考驗Gott-
　　fredson 的理論。《中華輔導學報》，第一期，192-214 頁。

董倫河（民86）：生涯發展方案增進國小六年級學生生涯成熟、生涯
　　抱負之實驗研究。國立彰化師大輔導研究所碩士論文。

Gottfredson, L.S. (1981). Circumscription and compromise: A developmen-
　　tal theory of occupational aspirations. *Journal of Counseling Psychology*
　　Monograph, 28, 545-579.

Holland, J. L. (1985). *Manual for the Vocational Preference Inventory.* Odessa
　　Fla.: Psychological Assessment Resources, Inc..

四、科系畢業出路發展的觀察

　　大學分科教育本身即有專業分化的色彩，在學生著手統整個人生
涯期望之際，學系師長如果能夠協助學生「以能力本位」觀點，檢視
課程科目的學習和未來可能的畢業出路，可以有效協助學生建立適切
的長期生涯目標。以下謹以筆者服務的輔導與諮商學系爲例，提出科
系畢業出路發展的觀察資料範例，備供參考。

㈠我們的能力

　　課程科目與能力雙向分析表（見表9-2）。

㈡出路發展

　　1.學校輔導與社區諮商的分野只是粗略的分類。

　　2.以學校爲工作場所：

表 9-2　課程科目與能力雙向分析表

課程科目 ＼ 能力	輔導學基礎能力	個別諮商能力	行為鑑衡能力	輔導活動教學能力	方案規畫與執行	(團隊工作)導向能力	團體輔導能力	宣導與諮詢能力	資料收集、處理與分析能力	邏輯思辨及研究規畫執行能力	專業督導訓練能力
普通心理學	@										
人格心理學	@										
輔導原理	@										
生涯輔導	@										
學習輔導	@										
人際關係		@									
諮商理論		@									
基本諮商實務		@									
諮商實習		@									
心理測驗			@								
心理測驗實務			@								
比西量表			@								
魏氏兒童智力量表			@								
人格評量			@								
變態心理學			@								
教材教法一				@							
教學實習				@							
輔導與社會					@						
社會工作導論					@						
社區心理衛生					@						
學校輔導工作實務					@						
方案設計與評估					@						
個案研究					@						
教材教法二							@				
團體輔導							@				
團體諮商							@				
學校心理學								@			
社區心理衛生								@			
兩性關係								@			
婚姻與家庭								@			
親職教育								@			
教育與心理統計									@		
高等統計學									@		
質的研究									@		
統計套裝軟體									@		
行為科學導論										@	
科學思考訓練										@	

(1)工作類別：國中輔導教師（偏重輔導活動教學）、公私立高中職輔導教師、國中專任輔導教師、公私立國高中職科任教師、公私立大專校院輔導中心助理、助教、公私立學校學生事務職員、研究專案助理、特殊學校心理復健師。

(2)現況：國中輔導教師已呈飽和、公立高中職輔導教師沒有管道（各校通常徵聘具教師資格者）、公立學校職員應具考試資格。

(3)未來九年一貫制新課程對學校輔導教師的任用與輔導體制應有衝擊。

3. 以政府教育、社會部門為工作場所：

(1)工作類別：（教育部、局）教育行政人員、（社會局、科）社工員、（法院）調查官、（檢察處）保護官、研究部門研究員。

(2)現況：以政府部門為工作場所的各種工作通常需具備考試資格，在定位上較具公務員色彩，而較少專門人員色彩。

4. 以社區為工作場所：

(1)工作類別：社區諮商中心輔導員或諮商師、社區心理衛生中心輔導員、青少年輔導基金會專任張老師、家庭暴力防治中心諮商師、生命線主任或專任輔導人員、觀音線主任或專任輔導人員、家服中心專任輔導人員、家扶中心專任輔導人員、其他相關基金會專任輔導人員或推廣人員。

(2)現況：本類工作多屬非政府機構，績效壓力與挑戰性較高；家庭暴力防治中心諮商師需接受專業訓練。

5. 以醫療機構、特殊教育機構為工作場所：

(1)工作類別：醫院臨床心理師、醫療社工師、心理技師、復健諮商師。

(2)現況：本系校友從事此類工作者為數較少；本類工作通常需具備特殊教育或臨床心理學訓練或考試資格。

6. 以工商企業為工作場所：

(1)工作類別：企業人力資源管理顧問、人力資源管理師、補習班

專任導師、人壽保險經紀人、銷售人員。

(2)現況：從事企業人力資源工作應加強人力管理與員工輔導的課程修習。

7. 其他應用與發展：

(1)工作類別：傳媒專題記者、心理與輔導雜誌編輯或內稿記者、補習班教師、幼教師、褓姆、（咖啡店、花店）自營商或店長、空服員、導遊、家管。

(2)現況：本系校友從事此類工作者為數較少；本類工作的選擇常與個人其他因素的考量配合。

第十單元

上窮碧落下黃泉

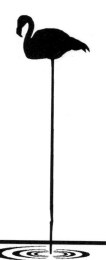

——✿ 單元目標 ✿——

練習教育與職業資料探索活動，並認識教育與職業資料。

——✿ 活動說明 ✿——

依個人暫定生涯目標，進行教育與職業資料收集活動之後，進
教育與職業資料報告，分享並相互檢核教育與職業資料尋找的經驗!
收穫。

——✿ 單元活動 ✿——

 是的，參考個人的生涯期待和暫定的生涯目標，我們的確比
較容易聚焦教育與職業資料收集的範圍，而免於找不到重點
的困惑。對於各種目標職業或生涯角色，我們可以從各種書
籍、媒材取得靜態、客觀的一般性資料；也可以從與資深從
業人員訪談之中，得到個別單一的主觀經驗；也可以從職場
的實地參觀之中，形成個人的第一手體驗。更可以綜合上述
三種教育與職業資料收集途徑，完整獲得目標職業或生涯角
色的主、客觀資料。這部分的工作的確需要花費一些課外時
間用心完成。

 想必你已經針對上一單元所歸納的暫定生涯目標，著手收集
有關的教育與職業資料。接著，請將此行收集到的教育與職

業資料，使用「生涯博覽會——教育與職業資料整理單」（如
表 10-2），略加整理。

 「教育與職業資料整理單」填寫完成之後，我們可以透過團體
集思廣益的力量，以博覽會的型式，進行資料的檢核和補充。

1. 首先重新安排桌椅，以利進行「生涯博覽會——教育與職
   業資料說明會」。
2. 以每四至五人組成為一「教育與職業資料專家小組」，各
   組選定一人為主席、一人為記錄，二至三人為幕僚。
3. 記錄先行在黑板寫下本組擬將說明的職業或生涯角色名稱
   （四至六種職業或生涯角色名稱）。
4. 「教育與職業資料專家小組」主席先自行或指定幕僚參考
   所填「生涯博覽會——教育與職業資料整理單」，說明資
   料主題和相關內容，亦可印發書目資料。
5. 接著，受理他組口頭質詢。每一組約使用二十五分鐘，其
   中報告八至十分鐘，備詢十五至十七分鐘。
6. 質詢者可就該組收集資料內容或相關課題詢問、質疑目前
   的「教育與職業資料專家小組」。主席應自行或指定幕僚
   回答每一個問題，滿足每一位質詢者「知的權利」；對無
   法回答的問題，應請記錄記下，並徵詢質詢者同意，另行
   答覆。
7. 其他各組同學則就報告內容和答詢反應，依「職業知識與
   資料」（30%）、「表達與答詢」（30%）、「態度與台風
   （含時間控制、誠懇回答）」（20%）、和「團隊士氣與

現場氣氛（含內部協調與分工）」（20%）等四個項目評
價該組的「生涯博覽會——教育與職業資料說明會」，做
爲本課程學期學習評量之一（教育與職業資料說明會評分
表如表 10-3）。

當然，若干從不同來源而得的資料仍是有些歧異，乃至於矛
盾。從各組的質詢中，更可以知道有哪些資料是大家比較有
共識的，而還有哪些資料仍待收集和澄清。

接著，我們不妨再就比較有共識的資料，評估暫定生涯目標
是不是一個可努力達成的目標？要不要再考慮其他的生涯目
標？是否符合個人條件？是否符合個人生涯期望？以下，我
們可以就所得到的教育與職業資料，過濾掉一些不切實際的
誤解，進一步評估原先暫定的目標職業或生涯角色的適合度。
進而考量達成這些生涯目標需要充實的能力和準備，以及在
朝向實現暫定生涯目標的努力過程中，眼前需要完成的短期
目標。

表 10-1　職業資料與個人特質、條件的連結整理表

暫定生涯目標	暫定生涯目標	暫定生涯目標	暫定生涯目標
名稱			
適合度 適合 （優點）			
不適合 （缺點）			
短期應先完成的 目標			

每一個目標都有些吸引人的特點,也有些不討人喜歡的地方,的確教人很難做決定。而有些目標可以不只是需要決定而已,也需要自己再發展更多的能力和資源,才能有所成就。或許我們可以在後續的單元進一步探尋環境資源,再談如何做決定。

 接著我們可以使用「自營/受雇」和「學系相關/相異」兩個向度所構成的座標圖,來為我們心目中各個目標職業或生涯角色定錨,並逐步加入同學們介紹的職業或生涯角色,以此來建立個人的生涯世界概念地圖(concept map)。

```
                    自營



學系相異                     學系相關



                    受雇
```

 是的,我們可以具體整理自己對於目標職業或生涯角色的想法,同時也寫下單元活動的心得。

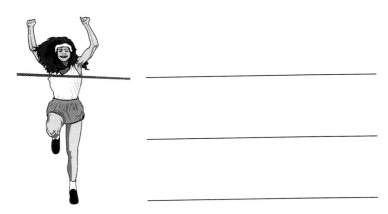

表 10-2　生涯博覽會——教育與職業資料整理單

職業名稱 （工作或角色）		
資料性質		
資料管道 （來源）		
資 料 內 容	價值觀的滿足	
	環境（性質）	
	工作報償	
	生涯型態 （角色組合）	
	得到本項生涯目標管道與機會	
	應具備的資格和準備	
	備註 （注意事項）	
	短期內，我應達成的目標	

表 10-3 教育與職業資料說明會評分表

教育與職業資料說明會評分表		
組 別		
成 員		
評量項目	總分	得分
職業知識與資料	30	
表達與答詢	30	
態度與台風	20	
團隊士氣與氣氛	20	
合計	100	

教育與職業資料說明會評分表		
組 別		
成 員		
評量項目	總分	得分
職業知識與資料	30	
表達與答詢	30	
態度與台風	20	
團隊士氣與氣氛	20	
合計	100	

教育與職業資料說明會評分表		
組 別		
成 員		
評量項目	總分	得分
職業知識與資料	30	
表達與答詢	30	
態度與台風	20	
團隊士氣與氣氛	20	
合計	100	

教育與職業資料說明會評分表		
組 別		
成 員		
評量項目	總分	得分
職業知識與資料	30	
表達與答詢	30	
態度與台風	20	
團隊士氣與氣氛	20	
合計	100	

—— ✦ 單元技術指引與討論 ✦ ——

大學生收集教育與職業資料應有方向和焦點

　　教育與職業資料的收集是本手冊的一個重要的部分，在生涯發展與規畫上，人們可能因為不了解教育與職業資料的有用性而忽略教育與職業資料的收集；也可能因為缺乏收集重點和方向，而得到一堆不切需要的教育與職業資料，而反過頭來否定教育與職業資料的有用性。教育與職業資料的收集應先確定資料收集的重點和方向。本單元即是基於生涯規畫衍生模式的架構，引導學生以前一單元所形成的暫定生涯目標為方向和重點，進行職業資料的收集和呈現。具體來說，這個單元所要達到的目標有四，包括：

1. 引導學生對職業世界更貼近的關切。成人世界的生活是多元多面的，在生活中除了「琴棋書畫」或「觀點和理想」之外，仍然有「柴米油鹽醬醋茶」的層面，學生需要將職業及其他經濟層面的生活納為生活的一部分。本單元希望能引導學生使用市井的語彙和思考架構，詳細甚至瑣細地討論職業世界。

2. 引導學生對職業世界的了解。多數學生可能對於職業世界具有若即若離的朦朧印象；然而就生涯發展與規畫而言，對於環境與目標愈能具體地了解和掌握，愈能減少不可控制因素。本單元透過「教育與職業資料說明會」的分組報告，鼓勵學生針對考慮中的暫定目標進行職業和生涯角色資料，進行收集和了解。

3. 引導學生對職業世界與個人特質做關聯思考。在生涯發展與規畫上，職業世界的認識應與個人的自我特質探索形成連結。換句話說，職業資料的探索不應僅止於「那是什麼？」，更要進

一步的思考「與我有什麼關係？」「適合我的特質和條件嗎？」以及「我為什麼要收集這樣的教育與職業資料？」等問題。

4. 引導學生建立與保持和職業世界從業人員的接觸，做為擴展生涯資源的起點。在職業資料的收集中，學生需要實地參訪並訪談目標職業從業人員。經由初步的接觸之後，學生可以適切的與之互動，持續和現職從業人員保持關係，而成為其擴展社會資源的起點。

故而，本單元教育與職業資料的收集與呈現，應以前一單元所列暫定生涯目標為範疇；在分組報告中，應進一步說明為何選擇介紹此職業或生涯角色。在報告結束的課後心得整理中，應就所得到的教育與職業資料，過濾掉不切實際的誤解，進一步評估原先暫定的目標職業或生涯角色的適合度。進而考量達成這些生涯目標需要充實的能力和準備，以及在朝向實現暫定生涯目標的努力過程中，眼前需要完成的短期目標。

本單元生涯博覽會上的各個「教育與職業資料專家小組」應實地探索資料，若無資料則不易進行。在前一單元可先統整暫定生涯目標，並就學生暫定生涯目標，分工進行教育與職業資料收集。

從學生呈現的教育與職業資料中，可以使用「自營／受雇」和「學系相關／相異」兩個向度所構成的座標圖，引導學生為各職業或生涯角色定錨，並以此建立個人的生涯世界概念地圖（concept map）。

────✿ 單元補充資料 ✿────

一、網路上的職業資料

　　職業資料的探索可以從書面及視聽媒體資料、職場的觀察，以及職場前輩的訪談等途徑，就靜態的、動態的、客觀的和主觀的等不同向度，收集職業或升學目標的資料，多元認識職業或升學目標。在書面及視聽媒體的職業方面，不同出版品收集的職業資料通常包括職業概述、從業人員的資格條件（學經歷、性向、興趣和工作性格等心理條件，以及生理條件）、工作特性、工作環境、工作時間及待遇、職級晉升及相關職業、職涯經驗談等。

　　常見的職業資料可分為書面資料和資料庫查詢系統兩大類。在書面資料方面，包括機關學校暨國內各企業簡介、有關就業市場分析資訊，以及相關的職業輔導雜誌，包括「就業與訓練」、「天下」、「遠見」、「管理」、「工業」，以及各就業輔導機構的發行刊物等。主要的出版機關為行政院勞工委員會（職業訓練局）和行政院青年輔導委員會，以及其轄屬單位和省市勞工局。各機關的出版資料也可在網路中查詢，其中，行政院青年輔導委員會的網址為 www.nys.gov.tw；台北市勞工局就業服務中心的網址為 www.okwork.gov.tw。

　　在資料庫查詢系統方面，包括：

(一)天下雜誌一千大企業資料系統

　　內有由天下雜誌所蒐集之國內一千大製造業、五百大服務業及一百大金融業之企業資料，同學可於線上作排名資料、企業查詢、集團查詢、產業分析及企業資本資料等檢索，以了解特定企業。

㈡教育部資料庫查詢系統

透過台灣學術網路上之「台灣地區資料庫」，進入「教育部資料庫查詢系統」可檢索下列有關升學、留學、就業方面的資訊，包括：各級學校通訊錄、海外留學資料查詢、教育資源查詢系統、青輔會「求職資料檢索查詢」、青輔會「求才資料檢索查詢」、青輔會「海外中心簡訊」，以及青輔會「留學生回國服務要點」等。前述各項資料庫查詢系統皆有詳細之線上操作說明，可讓同學輕鬆獲得相關資料。

㈢各校就業輔導單位的畢業生就業、及時企業徵才資訊系統

各校畢業生及就業輔導單位亦可能有畢業生和及時企業徵才資訊系統收集國內企業到校求才訊息，依求才學院、科系、工作地點、職務等各種條件，鍵入本系統，供學生查詢。有些學校的資料系統甚至可由使用者自行設定查詢條件，系統再依使用者所設定之條件自行過濾合適之就業訊息，供同學參考。

此外，行政院青年輔導委員會和中國青年創業協會總會亦提供青年創業輔導服務，協助青年創業。其服務項目包括：(1)青年創業之諮詢輔導。蒐集創業有關之產業發展趨勢與市場動態，並提供相關創業輔導服務資訊；提供青年創業貸款申辦資訊及相關服務。(2)青年創業之資金輔導。洽請行政院經濟建設委員會及其他有關機關行庫籌撥專款，辦理青年創業資金低利貸款；洽請有關行庫對經本會輔導成立之事業提供短期資金融通。(3)青年創業之經營管理輔導。辦理事業經營及技術知能相關輔導活動；提供有利創業環境，協助事業創新發展。

二、研究所的進修之路：
國內各校院研究所博、碩士班一覽表

大學畢業之後如果有意願繼續進修深造，攻讀碩、博士學位，可以報考國內研究所或出國深造。在國內研究所方面，國內大學校院現

今共有三百多個研究所，分為人文、教育、法學、商學、理學、工學、醫學及農學八大類。在港澳地區則有珠海、青華、能仁等學校設有研究所，同學們可依據自己的所學、專長及興趣報考。有關各校研究所的師資、課程、圖書及設備等情形，可參考教育部編印之「公私立大學及獨立學院研究所概況」或各校編印之學校概況等書。各校研究所之招生名額、應考資格及考試科目等詳見該年度各校招生簡章。

　　國內各大學及學院研究所碩、博士招生簡章，在經過一番詳細核對整理成一覽表，俾便同學們的查詢。唯研究所類別相當繁多，且各校院的性質有異，因此，在各研究所的歸類（如歸在文學院或法學院等），不一定十分恰當。另外，少數研究所的全名，雖偶有差異，如有些校院設有外國語文學研究所，有的則設外國語文研究所；有的校院設有歷史學研究所，有的則設歷史研究所，只有一字「學」之差，只好以（）符號標註，但整理時，亦擺在一起。此處所列舉之系所因每年需有更動，疏漏難免，因此，若想進一步了解，可以上網到各大學網站查詢。

• 文學院

所　別	設立碩士班學校	設立博士班學校
中國文學系	臺大、政大、中央、東海、輔仁、東吳、文化、中山、淡江、逢甲、成大、中正、中興	臺大、政大、東吳、文化、東海、輔仁、中山、成大
國文系	臺灣師大、高雄師大	臺灣師大、高雄師大
文學系	清大	清大
外國語文（學）系	臺大、中山、靜宜、政戰、中正、成大、中興	臺大
英國語文系	政大、輔仁	
英語系	臺灣師大、彰化師大、高雄師大	臺灣師大
西洋語文系	淡江	淡江
西洋文學系	文化	
語言學系	清大、輔仁、政大、中正、臺大	清大
歷史系	政大、中正、輔大、東海、臺大、中興	中正、臺大、中興
哲學系	政大、中正、輔大、東海、臺大、東吳	政大、輔大、東海、臺大
比較學系		輔大
人類學系	臺大	臺大
翻譯學系	臺大、台灣師大、輔大	
圖書資訊學系	政大、輔大、臺大	臺大
藝術史系	臺大	臺大
戲劇學系	臺大	
音樂學系	臺大、中山、輔大、東海、東吳	
美術系	東海	

• 法（社會）學院

所　別	設立碩士班學校	設立博士班學校
法律學系	臺大、政大、中正、輔大、東吳、東海、中興	臺大、政大、東吳、中興
政治學系	臺大、中山、政大、中正、東吳、東海	臺大、政大、東吳
經濟學系	臺大、中山、政大、中正、東吳、輔大、中興	臺大、政大、東吳、中正、中興
社會學系	臺大、政大、東吳、東海	臺大、東海
三民主義系	臺大	
社會工作系	東吳、東海	東海
新聞系	臺大、政大、文化	政大
大陸系	中山	
中山（人文科學）學術系	中山、政大	中山、政大
外交系	政大	
財政學系	政大、中興	政大
公共行政學系	政大、中興、東海	政大、中興
地政系	政大	政大
民族學系	政大	
東亞系	政大	政大
都市計劃系	中興	中興
勞工系	政大、中正	
俄羅斯系	政大	
社會福利系	中正	中正
宗教學系	輔大	

• 傳播學院

所　　別	設立碩士班學校	設立博士班學校
廣告系	政大	
廣播電視學系	政大	
電訊傳播系	中正	
大眾傳播系	輔大	

• 民生學院

所　　別	設立碩士班學校	設立博士班學校
織品服裝學系	輔大	輔大
食品營養系	輔大	輔大

• 教育學院

所　　別	設立碩士班學校	設立博士班學校
教育（學）系	中山、中正、政大、台灣師大、彰化師大、高雄師大	政大
成人及繼續教育系	中正	中正
犯罪防治系	中正	

• 公衛學院

所　　別	設立碩士班學校	設立博士班學校
流行病學系	臺大	臺大
醫療機構管理系	臺大	臺大
職業醫學與工業衛生系	臺大	臺大

• 管理（商）學院

所　別	設立碩士班學校	設立博士班學校
商學系	臺大	臺大
會計學系	臺大、政大、中正、東吳	臺大、政大
（財務）金融學系	臺大、政大、中正、輔仁	臺大、中正
國際企業學系	臺大	臺大
資訊管理（科學）系	臺大、政大、中山、中正、輔大、東吳	臺大、政大、中正
事業經營系	大葉	
人力資源管理系	中山	中山
公共事務管理系	中山	中山
企業管理系	中山、政大、中正、東海	中山、中正
傳播管理系	中山	
財務管理系	中山、政大	中山、政大
國貿系	政大、東吳	政大
統計學系	政大、中正、輔大、東海	政大
風險管理與保險學系	政大	
科技管理系	政大	
經營管理、管理學系	政大、輔大、東海	

• 工學院

所　別	設立碩士班學校	設立博士班學校
土木工程學系	臺大、中興	臺大、中興
機械工程學系	臺大、中興、中山、中正	臺大、中興、中山、中正
化學工程學系	臺大、中興、中正、東海	臺大、中正、東海
造船及海洋工程學系	臺大	臺大
資訊工程學系	臺大、中山、中正、輔大	臺大、中山、中正
環境工程學系	臺大、中興、中山	臺大、中興、中山
材料科學與工程學系	臺大、中興、中山、大同	臺大、中興、中山
應用力學系	臺大	臺大
建築與成相系	臺大	臺大
工業工程學系	臺大、東海、台科大、清大	臺大、東海、台科大、清大
工業設計系	東海	
電機（子）工程系	臺大、清大、大葉、中興、中山、輔大	中山
光電工程系	中山	中山
通訊工程系	中正	

• 理學院

所　別	設立碩士班學校	設立博士班學校
（應用）數學系	臺大、中山、政大、中正、輔大、東吳、東海、中興	臺大、中山、政大、中正、中興
（應用）物理系	臺大、中山、中正、輔大、東海、中興	臺大、中山、中正

所　別	設立碩士班學校	設立博士班學校
化學系	臺大、中山、中正、輔大、東吳、東海、中興	臺大、中山、中正、輔大、中興
地質（震）學系	臺大、中正	中正
動物學系	臺大	臺大
植物學系	臺大	臺大
（應用）心理學系	臺大、政大、中正、輔大	臺大、政大、中正
地理學系	臺大	臺大
海洋系	臺大	
大氣科學系	臺大	臺大
生化科學系	臺大	臺大
漁業科學系	臺大	臺大
漁業生物試驗系	臺大	
海下技術系	中山	
（微）生物科學系	中山、輔大、東吳、東海、中興	中山、東海
光電工程系	中山	中山
海洋資源系	中山	
海洋環境及工程系	中山	
海洋地質及化學系	中山	
資訊科學系	政大、東海、中興	中興
環境科學系	東海	
生物化學系	中興	
分子生物學系	中興	中興
海洋生物系	中山	中山

• **農學院**

所　別	設立碩士班學校	設立博士班學校
農藝學系	臺大	臺大
農業工程學系	臺大	
植物病理學系	臺大、中興	臺大、中興
昆蟲學系	臺大、中興	中興
森林學系	臺大、中興	臺大、中興
畜產學系	臺大、中興、東海	臺大、中興、東海
農業經濟學系	臺大、中興	臺大、中興
園藝學系	臺大、中興	臺大、中興
獸醫學系	臺大	臺大
農業推廣（教育）學系	臺大、中興	臺大
食品科技學系	臺大、中興、東海	中興
農業機械工程學系	臺大、中興	臺大、中興
景觀學系	東海	
植物學系	中興	中興
農業化學系	臺大	臺大
水土保持系	中興	
農產運銷系	中興	
農業生物科技學系	中興	中興

註：各校設置系所逐年略有調整，本表並未完整列出各系設立碩、博士班之學校。

——✾ 大學心事 ✾——

⮾　訪問了二位老師，對於各個暫定生涯目標都有一些認識，他們也
都各有優缺點，好比從事社會上的輔導工作，如張老師，要付出
大量的時間，與很多人相處，是一種不小的負擔；而大學教師要
有專業能力、批判精神、社會良心和高度自律，在目前來說，距
離自己好遙遠；高中輔導老師相當受到政策和校長支持程度的影
響，讓人有些無力感。對於生涯目標，似乎還是一頭霧水。

——✾ 回應與檢討 ✾——

　　每一個目標都有些吸引人的特點，也有些不討人喜歡的地方，的
確教人很難做決定。而有些目標可以不只是需要決定而已，同時需要
自己再發展更多的能力和資源，才能有所成就。或許我們可以在後續
的單元進一步來探尋環境資源，再談如何做決定。

第十一單元

問渠那得清如許

——✻ 單元目標 ✻——

認識個人與環境的關係，重估個人的生涯資源。

——✻ 活動說明 ✻——

討論社會與個人的關係，畫個人的社會關係圖、環境力場分析。

——✻ 單元活動 ✻——

 生涯選擇的確是一系列的步驟、階段所構成的，而不是一個定點。 Egan 博士以擴張與收縮交替來看生涯選擇的歷程，而將之分為四個階段（黃惠惠譯，民74）：

> 階段一：擴張
>
> 階段二：收縮 —— 主修科系的選擇
>
> 階段三：擴張 —— 從主（副）修科系中試探各種不同的生涯可能
>
> 階段四：收縮 —— 生涯選擇

Egan 博士的階段論點是否能夠讓你更清楚看到自己目前的生涯發展和課題。

是的，我們正在以自己的主修和探索後的生涯期望為基點，
嘗試各種不同的生涯可能，在擴張考慮範圍的同時，也試圖
縮小選擇而形成為數不多的暫定生涯目標。在此，我們不妨
再列出先前曾找出的暫定生涯目標。

＊暫定生涯目標一：

＊暫定生涯目標二：

＊暫定生涯目標三：

 當然，我們已經著手探索暫定生涯（職業）目標的相關資料。
不可否認，對於生涯資料的探索工作仍然處於初步的階段。
對於目標中的生涯或職業，我們顯然還需要有更多的了解。
而再進一步的資料收集同時，我們也可以就「環境與個人」
的關係，檢視各個暫定目標的可達成性（accessibility）。

 把「環境」簡略的劃分為「社會」和「家庭」，或許可以更
容易檢視「環境」對生涯選擇的影響。我們不妨和鄰座的朋
友一起回想當時選擇主修科系時，在社會和家庭兩個層面有
哪些力量影響了我們的選擇。
【故事文本】：請與鄰座分享回憶後，簡略摘記選填大學學
　　　　　　　系志願的經驗。
回想當時我考大學，選填志願的時侯…

表 11-1　檢視學系選擇中環境層面的影響因素

對我學系選擇的影響因素		影響程度（結果）的回顧與檢討
層面	內涵（請填寫你當時對此層面的考量）	
社會與文化		
機會結構：		
聲望結構：		
政策或制度：		
大眾傳播媒體：		
人際關係：		
性別認同：		
其他（自填）：		
其他（自填）：		
家庭與親戚		
家庭社經：		
家庭人脈：		
家長的意見：		
其他家人的意見：		
其他（自填）：		
其他（自填）：		

不論如何，目前你的確就讀本系。對於這個系的可能出路，你也曾經有所探索、了解。有沒有轉換科系的念頭？你願意以這些科系出路做為長期的生涯目標嗎？我們真該有機會佇足看看我們曾經做過的選擇，甚至分享彼此的心情和承諾（commitment）。

所謂「往者不復,來者可追」。接著,我們可以再就上述「社會與文化」和「家庭與親戚」兩個向度,繼續檢視其對各個暫定生涯目標之可能的助力和阻力。這時候,我們可能要回頭和我們的環境做一些實際的接觸,例如:「和家長交換對這些暫定生涯目標的看法」、「了解這些暫定生涯目標的機會結構」等,以便我們可以更清楚這些環境因素對我們達成目標的助益或阻礙的情形。

表 11-2 暫定生涯目標「環境」力場分析

暫定生涯目標 影響因素	(請填寫)	(請填寫)	(請填寫)
社會與文化	阻力 助力	阻力 助力	阻力 助力
家庭與親戚	阻力 助力	阻力 助力	阻力 助力

本表請填寫暫定生涯目標,及環境層面的各種可能影響因素,並就各暫定目標的達成分析可能的助力與阻力。

再來，我們可以先將自己對三個暫定目標的助力、阻力分析結果，找鄰座或多位同學一起分享、討論這些暫定目標的可行性。

 當然看到這些目標達成的助力和阻力，我們除了明白其間的取捨之外，更需要採取行動增加助力、減少阻力。在本單元的活動中，你有何付出？而在這樣的付出之下，你得到什麼收穫？

　　對於心目中可能付諸實現的暫定生涯目標有沒有些更具體的想法呢？達成這些目標有什麼困難呢？你打算如何克服這些困難呢？寫下此時的心得吧！

—✣ 單元技術指引與討論 ✣—

從生涯資源來看生涯目標的易近性

　　生涯目標的可達成性或易近性（accessibility，以下譯易近性）一直是生涯發展學者重視的議題。Super 和 Overstreet（1960）提出生涯成熟（career maturity）的評量指標即包括了職業選擇的睿智（wisdom of vocational choice）（林清文、侯月瑞，民 75）；其後，Crites（1969）提出階層式的生涯成熟因素結構模式中，也包括了職業選擇睿智向度，內含職業目標與個人能力、興趣、活動、社經地位的符合。觀之實際，生涯目標的易近性的確是年輕人生涯成熟的重要指標。協助年輕人檢視生涯暫定目標的易近性是生涯輔導工作重要的一環。

　　這個單元的焦點在於力場的分析，強調協助成員達成心中的理想而不是讓成員放棄理想。而助力與阻力的分析，一方面釐清心中那麼多的理想，哪些理想可以先達成，排出一個先後的次第；另一方面則是找到並且擴展這些助力，同時認真的思考有哪些可能的阻力，不要一廂情願，一頭栽入之後才因為困難重重而打退堂鼓。這時候除了要面對重新選擇的代價，也不免產生情緒上的不愉快。胡適之說：「今天預備明天，這是極穩健。」從心理適應的觀點來看，生活的預想和計畫是穩健和成熟的現代人的重要表徵。

　　在單元活動上，這個單元的重要性有必要再次加以強調、展現。無庸置疑的，在生涯發展上，環境資源的影響是相當大的，甚至有著決定的影響。所以中國人說「謀事在人，成事在天」。有好多時候，其實是我們「不能夠」或「不願意」將環境資源的助力與阻力思考清楚，而將之歸諸於「天」。如果我們能夠用心的探索這些環境資源的

助力與阻力，說不定在生涯規畫上，不可知、不可努力的「天」的部分會少一些，而可知、可努力的「人」的部分會多一些。

明知環境資源對個人生涯發展的影響，與其感慨人家「關係好，有門路」，或者抨其「攀寅求售」，為何不檢討進而擴展自己環境資源的助力呢？或許這裡面有些士大夫氣節的思想，所謂「俯仰無愧」、「堂堂自立」。氣節思想可能是個人人生價值或哲學層次的課題，對每個人的人生價值，我們除了應該給予尊重之外，也不能武斷的說什麼樣的人生價值才是正確、才是值得的。個人人生價值或哲學並不是本單元要討論的範圍。但是從個人的特質和條件出發，要如何航向自己的理想和目標，航行過程中可以有哪些助力？會有哪些阻力？就是一個非常實際的問題，而不一定要和「氣節與否」牽扯在一起思考。以犧牲生涯目標為代價，逃避環境資源的思考，顯然不是穩健、成熟的現代人所應有的作為。

合理而實際的檢視環境資源，當然也不是「不惜一切」、「鑽營逢迎」，甚至背離個人的價值和風格、損抑自尊（self esteem）。而應是清楚的思考環境中社會、文化與家庭的各個層次中可能存在的影響因素與內涵，公平的檢討這些因素在過去的生涯決定上的影響情形和程度，進而拿這些因素再來思考目前構想中的這些生涯目標可能得到的支持助力和阻抑的力量。想想如何來減少阻力、增加助力。例如，有個師範院校大四的學生想在畢業後擔任高中教師，而他有一個親戚的朋友在一家私立中學當校長，這算不算是環境資源的助力？當然可能算，但如果他和這位親戚，以及親戚的朋友之間沒有構串起環境資源網路的話，「親戚是親戚、校長是校長、他是他」，那就不是環境資源的助力。就好像許多大學生都有畢業後事業有成的學長，如果學長不認識你，你不認識學長，那學長對你在生涯目標的實現上就不太有幫助。

本單元一個可能的困難是如何引導成員更深入的進行力場分析。成員的抗拒可能是來自不知如何深入有效的分析，而不能從力場分析

中得到在生涯規畫上的助益，而可能有負面的感覺。就此而言，單元
活動參與者可以先將檢視的焦點置於「父母親在個人過去的生涯決定
上的涉入程度」，最好能夠加以視像化。例如，要求成員在紙頭上嘗
試回答「在決定大學科系上，父母曾經說了哪些話，或者做了哪些表
示，讓你印象深刻，甚至形成了今天的選擇？」等問題。問題的答案
或許是檢視環境資源的起點。

　　為什麼會讀這個科系，乃至為什麼會讀大學，不僅止於是大學聯
考的影響，還有沒有其他的因素呢？仔細深思應有一些脈絡可循。例
如家族裡面有人是當老師的，他們說當老師生活很安定，讀師大比較
有機會當老師。又有人是想家裡面也沒有什麼人際資源，走公職路線
較安定，而且不必靠人家。這些都是影響生涯目標的脈絡和思考，也
就是我們的環境資源所在。

　　在本單元的實施上，我們對於環境資源的檢討可以將重點放在對
暫定生涯目標的實現上，而不必全面的檢視個人的生活資源。在這個
課題上，我們也不是說家世背景好的就一定充滿資源，寒門子弟就註
定到處碰壁受阻。我們所謂的環境資源不應該只局限在家世資源上，
而可以更注意到師長、同學、朋友等人際資源，甚至注意到更大層次
的社會與文化層面的資源；例如，考試的機會、就業的訊息、政策的
方向等等。所謂「一枝草一點露」，家庭資源較少的寒門子弟更需要
多方向的正視自己的環境資源。在論及生涯發展的這個課題上，我們
期望社會的發展方向是多元的環境資源的呈現與影響，這也是當前多
元社會發展可以看出的一個趨勢。而對於社會新鮮人，我們也要提醒
他們多元的觀照自己的環境資源。這是本單元的用心。

　　鼓勵大學生檢視生涯資源的確可以增加他們生涯思考的現實性，
參與單元活動的學生在檢視自己的生涯資源之後，提到：

　　「探索了三個暫時的生涯目標，發現每一行都是不容易的，且要
在某一行獲得某些成就是需有相當的付出，在三個職業目標都是家人
不看好的，如何說服，獲得他們支持，也是一個需要時間的課題。雖

然對於暫定的目標有了初步的接觸和了解，但感覺上仍有些距離，我想如果能在實際的環境下，在那裡工讀，實際參與他們的工作，可能就可以更接近這個職業目標了……

雖然在自己所選擇的生涯目標上，都有濃厚的興趣，但是如果仔細衡量一下社會、家庭等環境方面的阻力，必定會有所取捨，想想自己所學的和阻力較少的目標，大概就是「大學教師」這一途了……

到現在知道，要成為一名大學教師之前，他們要走過多少繁複的關卡，和突破多少個困難才能達成目標。面對我的生涯目標，我也要利用現有的資源，靈活運用，使之成為自己的東西，這樣才能真正做到環境資源探索的真義……

人都有自己的夢想，但仍應考慮現實，在現實與夢想之間找到平衡點是一項很重要的工作。對我而言，家庭對我的影響很大，但是自己也並非完全遵從父母的意見，現在的我會試著和父母溝通，讓他們了解我的想法，雖然他們對我並非完全認同，但至少會慢慢達成共識……

在一番分析之後，我發現「觀護人」是滿適合我的生涯目標，我開始回家向我的父母鼓吹「觀護人」，雖然他們還是認為我當高中教師會較好，但也不反對……

咖啡店老闆雖然時間上較自主，但家中父母可能會因與所學不符而反對；專任張老師的工作雖與所學相符，也滿有自己專業成長的空間，但工作繁重，休閒時間相對會較少，自己的結婚對象未必會贊成……」

協助每一位參與者有系統而具體的衡量環境資源的助力和阻力正是本單元的目標所在。但這樣的衡量，除了要找出較可行的目標之外，更要深入去看各個目標可能的助力和阻力。可能每個目標經過分析之後，都會有其或多或少的助力和阻力，而不是全有或全無。以「大學教師」這個目標來說，可能會有什麼助力和阻力呢？除了社會地位好、發展自己、薪資高吸引人，家人樂見且支持的助力之外，「要長期的

投入學生生涯，不能有經濟收入」、「和男（女）朋友的交往會因課業壓力而有更多的調適課題」、「父母或論及婚嫁的男（女）朋友不一定支持」、「在具有博士學位的人愈來愈多的情況下，獲得大學教職要面對較多競爭」、「長期的學術生涯和自己理想的家庭生活可能有衝突」、「和系上或校內師長的來往仍然不夠自在」……等等，也可能是阻礙實現生涯目標的阻力，而有待進一步加以克服和突破。單元活動只是起步，看到學習者為自己擘畫方向，再逐步充實、邁向實現的努力，的確令人欣喜。

參考書目

林清文、侯月瑞（民 75）：由生計成熟概念內涵談生計輔導。《諮商與輔導》，第 10 期。

──❀ 大學心事 ❀──

☞　在本單元，我付出的不多，收穫也不多。這些問題我以前已經陸陸續續想到過了，我認為思考自己未來的工作，需要更長久的時間。這個單元要我們把生涯侷限在三個暫定目標上，似乎是太快了些。

【我的回應】如果現在就來論定未來的工作顯然是有些急，但如果現在開始有系統的思考未來的生涯和工作，那就不會是太早了。在生涯規畫的思考上，如果這三個目標是目前可以想到的，那不妨先從這三個目標著手探索，思索之後，如果認為不適合，當然可以更換改變。本單元絕不抱持「貨物出門，概不退換」的態度，所以你也不必「自行侷限」。但更換暫定目標時你也要審慎思考。

∽　在這單元中，我仔細去思考這些暫定生涯目標的可行性，現在想
　　到可能的阻力，基本上都不會太難克服，我想我會盡力去完成它。

　　【我的回應】對！我們不見得能把所有的助力和阻力都思考清楚。
但可以現在的思考做為基點，往前再體驗再思考，生涯規畫不是一生
一次的課題，而是隨時隨地的工作。

∽　在分析過阻力和助力之後，感覺很難過，也很無奈；從小到大都
　　不能很順利的依照自己的興趣和特質來走。小時候媽媽要我學鋼
　　琴，等到國中時想考音樂班，就被父親阻止，他說用功讀書才有
　　前途。大學聯考後又只准我填選師範校院，我總覺得要為自己而
　　活，而非為別人而活。

　　【我的回應】很艱辛的一條邁向獨立之路。成熟人格的特徵之一，
就是「正視環境而不曲從環境」。令人高興的是經過一番的思索得以
找到「爭取助力，減少阻力，往自己的理想、目標邁進」的方向。

∽　其實對於阻力和助力的評估並不是那麼容易明確的，更何況增加
　　助力、減少阻力也不是容易的。很多時候阻力是來自「環境的機
　　會問題」，一想到這裡，不得不讓人懷疑所謂的「助力」，又能
　　有多大的力量呢？若是想從事一些較有考驗性的工作，又不知道
　　自己是否有足夠的毅力與恆心。

　　【我的回應】真是不容易，人生在世有太多的事情是取決於環境
因素，至少也受到環境因素很大的影響，而變成「世事難料」。在變
動不居的環境中要談完全釐清和掌握環境資源，不啻是「痴人說夢」。
但面對我們的環境更認真地正視，有時候也會減少一些因為不知而衍
生的「不可預料」的機會問題，而加大了助力的力量。通常我們相信
「機會不會憑空掉下來」，創造機會就成為每一個自我負責的人的責
任。

☞ 我在思考阻力和助力時頗覺困難，一方面是在只有理論上的資料，有些想法可能是太天真；另一方面是社會變遷迅速，我要如何掌握這些脈動，了解其中阻力或助力，進化阻力為助力呢？

【我的回應】如果規定一個人一輩子只能做一次「生涯規畫」的話，這個問題會是比較棘手，但如果你隨時可以返景自照，重新修正自己的生涯規畫的話，那不妨隨時就自己既有的知識，初步規畫，同時知道欠缺什麼資料的話，也努力尋找這些資料。這樣一來就不會是太天真，而且也可以走得更穩健。

☞ 由此項活動的參與去問問家人及四周他人的意見時，才會知道對於我想從事的工作有很多原本不知道的觀點，有些來自他人反對的理由是我從未想到的，當我知道這樣的缺點之後，也許我就不會將這個生涯目標排在最先的選擇。

【我的回應】這的確是很不錯的收穫，雖然我們在下一個單元要來談生涯決策和選擇，但在決策和選擇之前，多收集環境資源以及重要人士的意見的確是必須的。環境資源及重要人士意見的收集有時也可以強化我們對教育與職業資料的認識。

☞ 我的暫定生涯目標可稱得上是錢多事少離家近，只是比較沒有成就感，而且不能發揮所學。

【我的回應】錢多事少離家近是生涯期望，而不是生涯目標。本單元的活動不妨針對達成生涯目標的環境影響因素來做思考，而不必再就生涯目標的優缺點來思考，在做決策平衡練習時，則可以將這些優缺點的看法納入。

適不適合的問題或許可以在自我探索的時候多做思考，現在可以將重點放在外界的助力與阻力上，不過通常也都要在環境資源（特別是社經層面的資源）的探索之後，才可以比較肯定的看這些暫定的目標適不適合自己。換句話說，環境資源探索也就是在生涯選擇歷程內

的一環。L. S. Gottfredson（1981）談的設限與妥協，即涵納了一般人在生涯目標的選擇上，對環境資源（社經）的評估與考量。這一個環結可能是傳統生涯輔導理論者所欠缺的。從大多數的學員在本單元之後能夠比較明確表露自己的生涯目標之現象來看，的確得以支持 L. S. Gottfredson（1981）的部分立論。而本單元的設計也有呼應Gottfredson論點的意涵。

☞　我一直是個較理想化的人，在社會、家庭等等的阻力、助力列出
　　之後，我認為我還是會朝向自己的理想方向走，較忽視現實面的
　　考量……，若要我特別考慮現實，以現實環境做為決定的依據，
　　又違背初衷，如何折衷調合？

　　【我的回應】這就是為什麼要做環境資源探索了，台灣話所謂「有一好，沒兩好」，經過一番的分析，可以看到各個生涯目標都可能存著若干的助力和阻力，而教人難以決定和選擇。我們在下一個單元，可以針對這各個生涯目標的選擇再做些努力。

☞　雖然在職業選擇中，我們不難發現它的阻力及助力。也許助力便
　　是推動我們投身的因素，而阻力卻也是阻抑我們涉足的原因。想
　　想任何職業目標似乎都會有其助力和阻力，沒有哪一個職業目標
　　是純有助力而無阻力的。我們應該盡量去擴充助力，減低或適應
　　阻力，讓它不致影響我們的效率、功效。我現在仍在找尋什麼是
　　我的助力，也許我會慢慢地清楚自己在做什麼吧！
☞　要怎麼收穫先怎麼栽，努力爭取所要的，除了溝通還是溝通。讓
　　父母從反對到贊成，獲得父母的支持力量比任何力量來得大。

　　【我的回應】這已經是「直指本心」，深入單元設計的初衷了。所謂「事非經過不知難」，環境資源探索的目的不在於告訴你「面對目標，困難重重」，而是要你趨吉避凶，把握貴人相助。

∞　到現在才知道，要成爲一名大學教師之前，他們要走過多少繁複
　　的關卡，和突破多少個困難才能達成目標。面對我的生涯目標，
　　我也要利用現有的資源，靈活運用，使之成爲自己的東西，這樣
　　才能眞正做到環境資源探索的眞義……

∞　對於以前的夢想只是不斷在腦子重現美好的光景，較少會去想有
　　什麼困難、阻礙，總認爲天下無難事，只怕有心人。其實這樣的
　　想法是太天眞了，也不切實際。本單元中老師要我們從各個角度
　　切入，我才發現原來事情並沒有我想像中簡單容易，問題似乎一
　　一浮上檯面，這才正視到理想與現實的差距。

∞　我認爲許多的困難雖然有可能使人卻步，我想自己最大的問題在
　　於「想」或「行動」之間，不論困難或簡單，總認爲只有一試，
　　才能清楚該如何克服難題，這就是目前自己最大的難題吧。

∞　我想過當大學老師，我知道大學的學生比較單純，父母也不反對，
　　同時可以滿足自己研究求知的欲望，但是大學教職的就業機會愈
　　來愈少，競爭愈來愈激烈，自己的敏銳度不夠，環境的刺激也不
　　足，家裡也沒有寬裕的經濟供我一路讀下去，假使能夠讀上去，
　　年紀也會老大不小而結不了婚，我可不願意不結婚。我也想過髮
　　型設計師的工作，玩別人的頭髮是很快樂的，但現在才開始學，
　　會嫌太老了，別人會用異樣的眼光看我，而且爸媽也會不答應，
　　他們認爲這太累了。我也想當專任張老師，爸媽都不反對，但專
　　任張老師的缺額不是年年有，考試競爭也很激烈，環境又比學校
　　複雜許多。想了這麼多，我發現對我而言還是當老師的風險最小。
　　我想過著平凡安穩的生活，目前，我想努力考研究所，至少當一
　　個高中輔導教師，至於美術創作，我還是會努力學習，讓它當成
　　是副業或興趣，搞不好，哪天副業也能扶正。

　　【我的回應】是的，在本單元中我們不希望想找出所有的困難來
擊倒自己。而是爲自己權衡各種行動方案的利弊得失和代價，而有助
行動方案的選擇。

且教梅花自主張

──❀ 單元目標 ❀──

認識生涯決策過程，熟悉理性決策模式。

──❀ 活動說明 ❀──

概述生涯決定與生涯發展，介紹生涯決策相關理論；檢視個人的生涯決定方式，進行「決策平衡練習」活動。

──❀ 單元活動 ❀──

有人說，現代人的生活是充滿「決定」的生活。從早上起床的那一剎那，就要有所「決定」。接著，決定早餐的內容、地點、出門的衣著、時間的安排……，乃至要不要給某人一個笑臉。通常，你是如何做決定呢？

☐ 任由情境決定　　　　☐ 聽人家的意思再決定
☐ 詳細分析而後決定　　☐ 拖到最後期限再決定
☐ 不由分說快快決定　　☐ 按部就班的決定
☐ 尋求專家來決定　　　☐ 所有事情留到一起決定
☐ 並不覺得要做決定　　☐ 其他

當然，不同的情況對個人的意義不同，需要付出的決策時間和決策思考方式是不同的。例如，你我或許不會為棋局中棋子應擺置的位置而陷入「長考」，但面對諸多的暫定生涯目標，以及其間的先後緩急，我們的確需要「長考」。對

於這些暫定的生涯目標或職業，我們已經有了相當程度的探
索和了解。此外，我們也分別就這些生涯目標或職業，做過
一些環境資源的探索，諸如了解家人或朋友的看法和意見，
甚至支持或反對的情形。我們何不就這些資料，試著為自己
做成生涯決策。

 首先，我們得再次整理各個暫定生涯目標，所需要的準備，
包括知識能力的充實和環境資源的擴展。此外，在朝向這些
暫定目標發展的路途中，眼前我們需要陸續先行完成一些短
期目標，才能夠隨著我們努力的累積，水到渠成地實現生涯
目標。例如，以「擔任大學教師」為暫定生涯目標的人，短
期需要完成的目標可能是：考取研究所、籌備學費、考 TO-
EFL、考 GRE……等等；以「開設花藝店」為生涯目標的人，
短期內需要完成的短目標可能是：選修商業課程學分、習
得插花藝術、籌備開業經費……等等；以「從事中學輔導工
作」為暫定生涯目標的人，短期需要完成的目標可能是：增
加中學教育實務的見習經驗、完成中學教育學分、選修相關
輔系……等等。

　　以下，我們來從實現這些暫定生涯目標所需要的準備，
來整理眼前或短期內需要先行完成的生涯目標：

暫定生涯目標	知識能力的充實	環境資源的擴展	短期應完成的目標

截至目前為止，我們的確需要保留多個暫定生涯目標。對於
各個暫定的生涯目標，短期內應完成的準備或目標是否有所
衝突？如果沒有衝突，那恭喜你正可排出順序，盡力而為，
逐一達成。如果，這些暫定生涯目標的準備之間可能相互干
擾，例如準備報考國內的研究所和準備出國留學之間，可能
在時間安排上相互衝突。此時你會先著手哪些準備，為什麼？
特別是面對一個相當漫長的暑假，要如何善用時間，逐步完
成自己的目標呢？先初步過濾出眼前或短期內需要完成的短
期目標吧（以眼前暑假和大學生活為思考的範疇）！

眼前或短期內的目標	說　明

是的，我們可以發現人們可能做不同的選擇，甚至做相同選
擇的人所說出的理由也不相同。各個暫定生涯目標是我們生
涯規畫的「方案選項」（Alternative），而這些不同的理由正
是我們生涯選擇的考慮因素。接著，讓我們共同以「個人」、
「家庭」、「親友」、「社會」的層遞架構，列出生涯選擇
的考慮因素（實質和精神上的得失）。當然，考慮這些因素
時我們必須參考職業資料和環境資源的探索結果。

＊個人方面的得失：

＊家庭方面的得失（包括原生家庭，及新組家庭……）：

＊親友方面的得失（包括母校、系、同學、朋友……）：

＊社會方面的得失：

接著，我們分別就各項考慮因素，來為各個暫定生涯目標「方案選項」打分數。別忘了！最低零分，最高五分。打完分數要加出每個「方案選項」的總得分。

決策練習——生涯平衡單

選擇 項目 考慮因素	重要性加權	短期目標一		短期目標二		短期目標三	
		＋有利	－不利	＋有利	－不利	＋有利	－不利
1.個人方面的得失							
2.家庭方面的得失							
3.親友方面的得失							
4.社會方面的得失							
合計							
總計（加權合計）							

如何？哪一個短期目標總得分較高？這會是你目前最需去完成的嗎？當然，你會改變選擇的。但無妨，當改變時，你可以知道哪些想法被改變了。此刻，打算如何完成這個短期目標呢？暑假和幾年內的大學生活要如何安排，來完成短期的生涯目標呢？預想一下，寫下心得吧。

❧ 單元技術討論與指引 ❧

生涯決策與生涯平衡練習

　　決策與選擇遍及個人一生，諸如職業、主修科系、組別、社團活動，乃至朋友同事、婚姻配偶、生活方式的選擇，莫不涉及決策的歷程。其重要性不僅關係到個人日常生活的各個層面，更直接影響個人生涯滿意的程度，以及自我實現的感受。Kromboltz（1982）曾極力主張「生涯輔導的主要任務即是幫助受輔者完成適切的生涯選擇」。

　　就「如何幫助受輔者完成適切的生涯選擇」之課題而言，在生涯輔導領域即有諸多不同的理論與實務作法。惟直到決策理論引進生涯輔導領域，以及生涯決策理論的相繼出現，生涯決策始而成為生涯輔導理論與實務的核心（林幸台，民76）。

　　特質論強調「人與職業的匹配」，著實未注意決策行為與決策歷程的探討，固不待言。而以Super等人（Super & Overstreet, 1960）為首的生涯發展理論雖亦將決策行為列為個人生涯發展的向度之一，惟其強調職業選擇與適應是一種隨個人職業喜好、能力、工作、生活環境和自我觀念改變的持續過程（Super, 1957），並未注意決策行為與決策歷程的探討；在輔導實務上，亦未重視生涯決策行為的評量與輔導。換言之，生涯發展理論雖肯定生涯決策行為的重要，惟對於決策行為與決策歷程的理論，以及增進受輔者生涯決策能力的輔導策略則顯然較少措意著墨。

　　生涯決策不但涉及複雜的心理歷程與行動，個人必然需要具備相關的能力與作為才得以完成適切的某些重要的決策。雖然管理學上有所謂「不當的決策或不為決策也是決策」的論點，然而不適切的決策

反應卻可能造成生涯發展的遲滯，或生涯適應困難（Super,1957）。就此而言，生涯發展歷程固爲生涯決策與選擇的賡續歷程，決策能力的培養與增進應當成爲生涯輔導的核心。

　　生涯決策歷程模式強調生涯決策歷程有其固定的歷程可資歸納，進而針對生涯決策歷程提出具有可驗證性的「描述性模式」，希望透過簡約的概念與法則分析、闡釋生涯決策的歷程與內涵。例如，Krumboltz 援引社會學習論，描述個人教育、職業偏好與選擇，形成個人特有的生涯行爲，是由遺傳、環境情境、學習經驗、認知和情緒反應，以及任務導向技能等交互影響的結果。由於學習經驗、遺傳和環境因素的交互作用，使得個人會以獨具的「技能、表現標準、價值（觀）、工作習慣、知覺、認知歷程、心向、情緒反應」等任務導向技能來處理問題。前述因素的交互作用下，會產生下述的重要結果：「自我觀察推論」──「我認爲我是怎麼樣、興趣或偏好、自我效能、工作技能取向」，並以自我觀察推論爲思考、行動的基礎。

　　而 H. B. Gelatt（1962）、Martin Katz（1967）等人則進而強調生涯決策教學與輔導的重要，主張透過理性生涯決策模式的教學增進學生的生涯決策能力，或減低受輔者的決策困難；進而提出「生涯決策的規範性模式」，意在提供「具體可行乃至效果良善」的生涯決策歷程，實施生涯輔導與生涯諮商的張本。其中，Katz（1967）的「生涯決定通用模式」即強調以價值觀念的澄清統合決策過程；Katz（1973）並據以發展其交互式輔導與資料電腦輔助系統（System of Interactive Guidance and Information-SIGI）。Gelatt（1962）的「決策資料系統模式」則重視決策過程的各個資料系統，包括「預測」、「價值」與「決定的準據」等三大系統。Krumboltz等人（1982）則提出七個步驟，並以各個步驟的第一個英文字母爲代號，稱爲 DECIDES 模式，各個步驟依次爲：

界定問題　　　　　　　　　Defining the problem

建立行動計畫　　　　　　　Establishing an action plan

澄清價值　　　　　　　　　Clarifying value

找出各種行動替案　　　　　Identifying alternatives

預估可能結果或利弊得失　　Discovering probable outcome

有系統的排除不適用的替案　Eliminating alternatives systematically

開始行動　　　　　　　　　Starting action

　　本單元所介紹的「生涯平衡練習」模式，則具有描述性和規範性的意義，用以協助個人系統化的完成生涯決策歷程。就其描述性的意義而言，多數人在面臨生涯選擇情境中，通常需要在釐清問題之後，找出可能的行動方案，並對於這些行動方案的利弊得失加以評估，從中選擇一個可行的方案，付之行動，生涯平衡練習模式即是此一過程的具象化。

　　然而，亦有些人，在生涯選擇過程中，過度集中在少數的行動方案，反覆、缺乏系統的盯住部分的得失和限制，而不利生涯決策的形成。故而，從規範性的意義而言，決策平衡練習提供一套有效的生涯決策模式，協助學生有系統的形成生涯決策。在決策平衡練習模式中，學生在釐清生涯選擇情境之後，可以腦力激盪的方式，找出所有可能的行動方案選項（alternatives），並從個人和相關他人、物質和非物質等兩個向度，澄清個人的得失考慮因素。再以得失考慮因素逐一考量各個行動方案選項的得分，以便歸納各個方案選項的總分，做為行動選擇的參考。

　　概括來說，生涯決策平衡練習具有下列的優勢：

1. 可協助個人系統性、書面化的整理生涯選擇的思考。

2. 可協助個人激盪個人對生涯行動方案選項的思考，並以書面方式累積思考結果。

3. 可協助個人系統性思考生涯選擇得失的考慮因素。

4. 可協助個人檢視對各個生涯行動方案選項的評價。

5. 可協助個人檢視生涯選擇考慮因素的相對重要性。

6. 可促進個人獲致生涯選擇和決策。

7. 可協助個人評估最後的生涯選項的代價，以及所需要克服的困難和準備。

8. 可允許個人因考慮因素的轉換，而改變生涯決策結果，並了解做改變的理由。

　　透過本單元的活動，可以幫助學生運用生涯平衡練習模式於實際的生涯選擇情境。由於生涯平衡練習模式具有可修正性和可累積性，故而單元活動的進行中，可以鼓勵學生就現有的資料，找出可能的生涯行動方案選項，和生涯選擇的考慮因素，做出暫定的生涯決策，並容許其後再對各生涯行動方案選項的評價做調整，甚至改變或增加生涯選擇考慮因素。

　　就此而言，筆者同意 Gelatt（1989）提出正向不確定（positive uncertainty）的概念。Gelatt（1989）認為，決策是整理和重整資訊，使之進入選擇或行動的歷程。相對於其早期的研究和努力，Gelatt（1989）的此番論點的確是因應當代急遽變遷社會，推陳出新的觀念。在生涯探索階段，生涯平衡練習模式在協助個人整理生涯資訊和思考上的功能，尤其值得注意。

　　另一方面，任何生涯行動方案的權衡和選擇，都必須面對因之而來的困難和不足，以及捨棄其他方案優勢的心理衝突。生涯行動方案的實現則需要針對可能的困難和不足，加以準備和自我充實。故而，生涯決策平衡練習的另一個意義，即是找出生涯行動方案所需的準備和充實努力之處。

參考書目

林幸台（民76）：《生計輔導的理論與實施》。台北：五南出版公司。

Gelatt, H. B. (1989). Positive uncertainty：A new decision-making frame-work for counseling. *Journal of Counseling Psychology, 36(2),* 252-256.

Gelatt, H. B. (1962). Decision-making：A conceptual frame of reference for counseling. *Journal of Counseling Psychology, 9,* 240-245.

Katz, M (1967). A model of guidance for career decision making. *Vocational Guidance Quarterly,* 1966, 15, 2-10.

Krumboltz, J. D., Scherba, D. S., Hamel, D. A., & Mitchell, L. K. (1982). Effect of training in rational decision making on the quality of simulated career decision. *Journal of Counseling Psychology, 29,* 618-625.

Super, D. E. (1957). *The Psychology of Career: An introduction to vocational development.* NY: Harper and Brothers.

Super, D. E. & Overstreet, P. L. (1960). *The vocational maturity of ninth-grade boys.* NY: Teachers College Press.

❀ 大學心事 ❀

၆ 不知這算是幸或不幸，自己擁有太多自主權，多到可以決定求學歷程、未來職業。我幾乎不曾感受到家庭的壓力，一路走來的自主，造就今日的我。在每一個決定，我必須收集各方資訊，並為最後選擇負責任，很多時刻我必須思索下一步怎麼走，什麼時候該做什麼事，很多人都笑我想得太多、太遠，不知我必須為我的生活負全責。不過，我很滿意這樣的生活方式。本單元的作業提供給我一個更科學、理性的選擇方式，可以減少出錯的機會。

∞ 這個單元似乎是前面幾個單元的總結，為前面做一個統整，更確定自己的暫定生涯目標，而從中知道要達到此一目標需要的準備以及環境資源的擴展。

∞ 我現在的重心是在生活，課業所佔的份量已逐漸減少，因為我認為現在應該要學習獨立，而且聯考的壓力已經解除，課本上的東西並不能使我過得更快樂、更有藝術。我現在最大的目標就是充實實務方面的知能及生活藝術，目前我接了兩個社團幹部的工作，也加入學會，並希望能參加義務張老師儲訓。眼前的長假，我計畫白天打工、晚上繼續練琴和吉他，或者學英文，假日就學做些家事，學習生活上的獨立。

∞ 短期目標看起來比較具體，也比較不是那麼遙不可及。看起來似乎較簡單容易，然而那仍需要花工夫花時間慢慢一步步去完成的，但經由此單元的設計，把它們寫下來後心裡踏實多了，同時也知道班上有不少同學的短期目標和我一部分的短期目標相同，大家一起分享的感覺也很好。

∞ 不論如何，我最希望的是自己能確切的做好築夢的工作，而不只是光想或寫，而是實現，這才是要緊的。

【我的回應】是的，實現是檢視計畫最重要的標準，在實現之前，你願意更明確的思考要實現的是什麼嗎？如果你已然擁有明確的目標和計畫，那就開始著手逐步實現這些計畫，如果你不免徬徨，不知要實現的目標在哪裡，那系統化的思考會減少你的不確定感和焦急心情。

∞ 原本計畫大一升大二的暑假要到淡大修第二專長，後來經過深思熟慮的過程後，我還是決定不去了。然而，這樣的決定讓我感到輕鬆，但我多少也有些擔心以後會後悔，所以至今還是有那麼一點點的猶豫不決。這學期的生涯課程讓我對未來有了些方向感，但我又很懷疑，是否所有的努力都要朝我所暫定的生涯目標進行？如果要這麼做，而未來又改變主意，換了新的生涯目標，那之前

的努力不就白費了嗎？

　　【我的回應】既然稱爲暫定目標，就應該意味著可能的改變，當環境有新的改變，或自己有新的想法，生涯目標自然也就會改變，我們還要要再一次統整目前的努力，評估選擇新的生涯目標做爲努力的方向。

☞　我目前的短期目標是打工賺錢，學英語會話、自習繪畫的知識，讓自己更有效率一點、認識美術系的學長姐和老師、投入課業學習。

☞　我的暫定生涯目標包括：到人力開發中心當諮商員、學校的專任輔導教師，以及擁有一幢自己規畫設計庭院的房子。我知道要達成諮商員的目標，短期內我需要完成的事情包括：提升英文的程度（應付研究所的入學考試）、收集研究所的入學考試資料和科目、注意時事、了解社會輿論、得到義務張老師的訓練資格。要達成輔導教師的生涯目標則必須先完成的短期目標包括：學好學諮系的相關課程，與學系的師長、學長、同學的人際關係，收集各學校或縣市教師甄試的資料。至於第三個目標的達成，則非錢莫辦。我需要先找到工作，做了好幾年之後，薄有積蓄，再投資生財，累積財富，另一方面則要涉獵室內設計的書籍，多走多看。

☞　在暫定的生涯目標上，我希望能成立資訊方面的個人工作室，或者成爲自然攝影師或觀護人。這些目標的達成涉及到資金的籌措、工場空間和電腦設備的購置、攝影社團的籌組和參與、攝影器材的購置，或參加研究所考試、高普考試，和觀護人實際工作內容的認識等。說眞格的，當在想這些問題時，內心其實是困惑的。因爲根本不知道這樣的決定是否有成功的可能，以及能否達成這些目標，因此會有很大的矛盾存在。

　　【我的回應】是的，我們需要有更具體的資料和認識才能幫助自己減少模糊和做規畫的困惑。

❧　在這個活動中，讓我對未來的日子不會再那麼茫然，它可以使我
　　曉得我在暑假或未來空閒日子，應如何安排我的時間來完成我的
　　短期目標，我想我會遵循自己所想的計畫一步一步去實現它。

第十三單元

馬有千里之行

————◈ 單元目標 ◈————

　　生涯計畫的再整理。

————◈ 活動說明 ◈————

　　重繪生涯彩虹及人生圖。分組（二人一組）分享：找出生涯目標
和行動計畫，相互的支持。

————◈ 單元活動 ◈————

　心理學家 Marcia（1980）曾以「自我認定」和「生涯覺察」
兩個向度將青年人的生涯發展分為四種型態：

㈠自主定向者（Identity Achievement -IA）

　　身歷抉擇危機之後，漸次確定其生涯方向或職業目標。

㈡提早定向者（Foreclosure -F）

　　本身未曾面對抉擇危機，但在生涯方向或職業目標上，已接受父
母或他人的安排而定型。

㈢延遲未定者（Moratorium -M）

　　面對個人的抉擇危機，正在尋求定向。

㈣茫然失據者（Identity Diffusion -ID）

面臨抉擇危機，因生涯方向或職業目標模糊不定，而感到焦慮，甚或逃避抉擇。

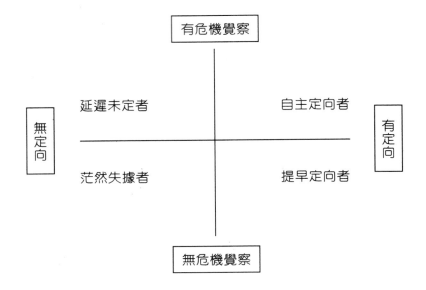

圖 13-1　自我認定型態的分類架構圖

在參與本方案之後，你是否已然思考個人的生涯發展，並且更具體的形成若干暫定生涯發展目標，以及眼前或短期必須完成的階段性目標？

接下來，我們就以這些暫定生涯發展目標和短期的階段性目標重新來規畫生涯，重新規畫生涯計畫；並且使用第四單元的「十年人生圖」，重新具體構思未來十年的人生圖。先想一想，未來十年在環境會有哪些改變，可能發生哪些事情；在不同的角色上，我們想要完成的事情或階段（短期）目標

有哪些？

＊預估未來十年，我的環境可能發生的事件：

＊我預估，自己將面對的課題：

＊在不同角色上，我必須完成的階段目標：

　學生

　社會成員

　工作者

　休閒者

　家庭角色

　其他

接著以預定完成的事情或目標為縱軸，時間為橫軸，將在不同角色所要完成的事情或目標逐項寫下，我們就可以繪出自己未來十年的人生圖。

未來十年的人生圖

時間（年代、年齡） 未來 事件與 待完成的階段目標	西元										
	年齡										
	角色										

*西元、年齡兩項，可逐欄填寫現在起十年的西元紀年和個人的實際年齡。

這些階段（短期）目標和你在第二單元找出的生涯發展任務有甚麼不同？對了，原先的生涯發展任務你做到了哪些？修改了哪些？我們也請同學和我們一起相互檢視、分享。

 真的，有目標的生活是踏實的。千里之行始於足下，對於實現生涯目標路途中的各個階段目標，我們必須一步一腳印的去完成。讓我們再次彼此叮嚀：Are you ready？

 接著，重新使用「生涯彩虹圖」觀照我們期待中的生涯。「彩虹圖」上要有哪些角色呢？別忘了，每一圈光譜代表一個角色。按著不同時期各個角色的重要性與分量，用粗細深淺的線條塗在各個角色光譜上，代表在不同時間需要對不同角色付出的心力和時間。

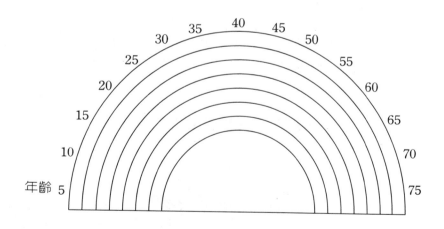

＿＿＿＿＿＿＿的生涯彩虹圖

8 這是你要的人生嗎？什麼時侯，我們可以再回頭細數生涯計畫，哪些達成了？哪些修正了？哪些仍是心中的夢？不妨先寫下現在的心得吧！

_____

_____

_____

_____

參考書目

Marcia, J. E. (1980). Identity in adolescence. In J. Adelson (Ed.), *Handbook of adolescent psychology,* NY: John Wiley & Sons, Inc., 159-187.

──❀ 單元補充資料 ❀──

邁向研究所之路

　　面對人類知識快速增進的時代，及競爭日益激烈的社會，愈來愈多的大學生選擇投考研究所，以便追求更高深的學問，以便負擔起更大的責任。

　　有許多即將升入大四的同學信心些許不足的問：「我好像還沒有

唸到什麼呢！我可以報考研究所嗎？」其實報考研究所，更主要取決
於個人的決心。若有決心，時間是可以加以規畫的。大學歲月是多面
向、多元角色的生活，在日常的課業學習、社團參與和人際互動之外，
更必須有效規畫個人的時間和努力，才能達成報考研究所的目標。以
下是我們的幾點淺見：

(一)選擇目標

　　考研究所和其他事情一樣，首先是訂立目標，考哪個學校？考哪
類的研究所？選考科目如何搭配？這些都是在準備投考前必須了解的。
平時沒有留意的同學，可以在網路上各大學系所介紹的網頁中找到有
關的資料。

　　在策略上，有意進修的同學可以根據自己的興趣與在學科目專長，
以及和父母、師長商議的結果，多選擇領域近似的一個至三個研究所
（學校），但其中須有一個是個人全力主攻的主目標研究所。主目標
研究所的選擇可視自己的能力及性向而定，能力高者不妨選擇較好的
學校爲主攻的對象。

(二)充分準備

　　考試所需的資料相當多而且分散各處，故若有可能，結合系上有
志一同的同學分頭收集較爲省力而且省錢。例如收集報上的論文，一
個人要看完起碼五、六份報紙才收集得全，真是勞民傷財。但如果三、
五個人分工收集，再交換各自的所得，就輕鬆多了。

　　大四的課程較少，有機會的話，不妨到所要投考的學校聽聽課，
看看別人的長處，並且有利於考試情報的收集。最重要的是如果你對
目標學校相關的人、事、物完全不認識的話，心中會有種「無知的恐
懼」，而上過課，可消除很多這類的恐懼。

　　如果可能，應考資料應力求齊全，不要怕花錢。情願備有資料而
一時看不完，也不要臨時有需要而手中沒有資料，那會非常影響讀書

進度和情緒。

　　必須注意的是，不要光只讀認定「鐵考」的筆記或著作。準備考試的觸角不妨廣點，有助於在任何情況下的作答，而不會使你在「鐵定必考」的題目沒出來時，不知如何是好。

㈢正常生活

　　讀書的習慣人人不同，不必強求自己一定要照別人的方式過活，但是我們認為準備考試時，單純的心境和正常的生活很重要。

　　單純的心境，即是情緒要穩定，不要有太大的起伏，如果覺得心情煩亂的話，不妨找師長們談談，千萬不要給自己心裡有太大的壓力。而正常的生活也很重要，不可過日夜顛倒的生活，否則考試時不能適應就不好了。尤其考前一個月，身心體力的調適很重要，考前生病是最可憐的事。

㈣互相切磋

　　考研究所真正的對手，包括校內外的佼佼者，而不只是身邊的同學。所以同學之間要彼此鼓勵、互相切磋，不只是考情資料的交換，更重要的是共同討論問題以開拓視野，解開疑問。

　　不必擔心表達自己。透過表達，我們可以整理學習的材料，也可以檢查自己還有哪些方面有待加強。如果有可能，最好有組織的定期討論，一方面教學相長，另一方面也未嘗不是加強口試訓練的好方法。

㈤堅持到底

　　既然決定要考研究所，就必須抱持著堅持到底的決心，不輕易半途而廢。而坐進考場，更需要堅持到底。不管你認定題目有多難，都要盡力而為，會寫的先寫、不會的也要「蓋」。須知，試卷不作答鐵定沒得分數，有寫還有希望。同時，不管你覺得先前科目考的多遜、多絕望，也應該盡力拚鬥到最後一秒，因為考不下去，結果就是零，

堅持到底，起碼還是有機會。

　　總之，考研究所雖不能說是一件簡單的事，但絕不是一件難事，只要有決心、有毅力、肯努力，就有成功的希望，這是你我都必須深信的事實。祝金榜題名，勝利成功。

❀ 大學心事 ❀

人生多變與大學生生涯規畫

❧　預估未來五年可能發生的事件，包括：修完國文輔系、順利畢業，通過義張資格、至少有三次以上打工經驗、修畢商教系的企管學分、獲得親友支持開設餐飲店。而我必須面對的課題或困難，也就包括：輔系和社團兼顧會比較累，要多注意身體；義張的錄取資格嚴，也許不易取得；打工應注意安全問題及工作的性質等；要修企管學分，可能因沒有任何基礎而不易通過、四周親朋好友可能觀念根深蒂固而不給我支持。另一方面，在學生角色上需要完成的階段目標，就有：輔系就依其所開出的課程按部就班修完；為了畢業就得在各方面活動中取得平衡，別忽略功課；想當義張之前需先收集資料並聽取有經驗的學長的建議和資訊；以及希望今年暑假可以到麥當勞打工；企管這個科目大概要到大三或大四再說；偶而就和父母閒聊一下有關未來的出路。

　　我覺得這大概是我想要的人生，否則我不會往這個方向思考。然而我仍要常常修改它，不一定多，也許遇到困難或突發狀況時，就得變更原先的計畫，這樣以行動代替空想，不讓心中的夢永遠只是遙不可及的星辰。

❧　我覺得和上次（第四單元）相較之下並沒有什麼分別，希望所有

目標都能實現。

∽ 預估未來五年可能發生的事包括：大學畢業、經濟自主、進入職場工作、談戀愛加失戀、考慮到結婚生子的問題、預估必須面對的課題、若畢業後進入職場則有工作選擇的問題，若要繼續進修則方向為何，是國內研究所或是出國深造。在不同角色上的階段目標包括：不論在何角色，人際關係要更成熟、在大學中找到自己生活的一套方法、更加的獨立。藉著再一次繪出彩虹圖，更清楚呈現自己的想法，也了解有許多事，自己總想一把抓，但將之攤在桌面上，才發現有些必須捨棄或改變比重，才更趨真實。

∽ 原來以為一切都還早，慢慢來就行了。但經過一學期的生涯發展課後，在規畫的過程中，發覺有好多事要做，而且晚了就來不及了。曾經有人說：「大一的學生總會覺得未來的出路有無限多條，但等到大四畢業後，才發覺一條出路也沒」。現在的我對未來規畫已有大致的輪廓，但是否要侷限的朝這個方向努力呢？因為如此一來不就使自己未來的出路變得狹隘了。

【我的回應】是的，計畫的目的在於導引而不在於限制，在生涯規畫的路上給自己必要的彈性，同時也要持續評估環境，調整生涯計畫。生涯可有計畫，但生涯計畫不該是一成不變的。

∽ 自己的心仍然不停的在改變，一輩子對我而言太遙遠。我決定每五年做一次短期計畫。既然大方向決定好，細部計畫就慢慢來吧！也許這樣不一定符合生涯發展的精神，但我知道這樣最適合我。

【我的回應】如果一定要找出生涯規畫的原則，那麼生涯規畫的精神之一就是彈性原則。為自己保留生涯發展的彈性是生涯規畫者不可忽略的。

∽ 這一學期的生涯發展課程讓我真正去思考自己的生涯規畫，透過同學們的討論、分享，得以知道每個人的不同目標。在過程中，

使我獲益，莫過於同學們的生涯分享中，讓自己能從更多的角度來思考規畫自己的生涯。現在這一個生涯彩虹圖的確比第四單元的圖更為完整。我相信，在生涯規畫的路上，我是有了進步和進展。

✑ 經過這一學期的生涯課程，對自己的職業抉擇已能逐漸統整。第四單元的人生圖、生涯彩虹圖與本單元的圖來做比較，的確可以看到自己從最初的「模糊籠統」到現在「有所目標」，目標愈具體，愈能知道自己將來要走的路，雖然人生的路是不斷在變的，但目前的生涯規畫卻能提供自己有所努力的方向和目標。

✑ 這是我要的人生嗎？我不知道。因為這些目標有太多是社會、家庭和父母的期望或觀念設限所導致的。其實對於未來，我一直不敢多所深思，因為愈是深思，會愈感到無助。或許這正是提早定向者的心情寫照吧。不敢也無力去改變什麼，但又不真正接受這命定的一切。我知道這樣子想很悲觀，但這正是我現在的心情。

【我的回應】看到真正的自己，並不都是令人愉悅的，但我佩服你勇於探索自我。

✑ 修輔系、擔任義務張老師、做家教、打工賺錢、出國遊學、充實英語能力、買書自修電腦知能、參加補習準備高普考試、參加教師甄試、搬出去住、結婚、存錢買車、買房子、參加社會團體……我覺得雖然現在我們為自己的未來做好了規畫，但是總覺得一切的未知數太多了，整個大環境的改變都無法掌握的。不過有做規畫總比沒做規畫好，起碼有個目標在指引我們努力，時時提醒我們夢想還在，別把它遺忘了。我想人們都容易沉溺於安逸，一旦安逸下來，很快就會忘記雄心壯志的，就像現在。不過，還好，藉著這一次次的課程，把我再拉回來，讓我勉勵自己去完成那些夢想。

✑ 在考研究所方面，我需要進一步了解研究所的方向和考試的內容；

在就業方面，我需要再提升就業能力，了解現在社會的需求以及自己所能夠承擔的工作；在家庭婚姻方面，要先交往異性，要懂得照顧自己及他人，並學習負責任。問我這就是我的人生嗎？我不能確定。只曉得這些是現在的我所想要的生活，或許人生多變，但至少我已有方向朝著這條路走，縱使之間再有更改也只是些微的分歧吧。

∞ 我的夢、我的理想始終如一，我最終的目標就是當一位好的老師，平平淡淡過一生。我知道，我接下來要面對的生涯課題（短期生涯目標）是考研究所、出國旅遊、服兵役、提升英文能力、修習國文輔系、修讀一些自己喜愛的地理學相關學科、談戀愛。

∞ 五年內修完教育學分、國文輔系學分、修習電腦知能、增強語文能力、完成大學學業、準備研究所考試和高普考試。我希望自己可以盡力去扮演好自己在每一個階段的任何一個角色，但是有時又很怕自己做不好。雖然有時候還是會對自己的未來有一點迷惘，不過我已經很努力地想要藉由生涯規畫的課，來找出自己究竟想要做什麼？能夠做什麼？

∞ 在經過這一整個學期的探索，了解自己是怎樣風格的人、屬於哪種人格類型、抱持怎樣的價值觀；在暫時的生涯目標中找到一些方向，雖然不盡完全明確，但有參考的作用，行政或許是我想走的方向。記得一開始做自我探索時，真有「不知所措」的感覺，因為個人風格中似乎少了那輔導人員的特質，也不禁懷疑當初的科系選擇是否正確，現在至少我有了方向來做這方面的準備，我想這就是上這一門課最大的收穫吧。

∞ 目前所暫定的生涯目標是我比較喜歡的，我知道現在這幾個生涯目標是暫定的，而不是最後確定的，我還是會繼續思考，一步步去做，以實現自己的目標。

【我的回應】雖然聽起來有些官話味，但這真是本手冊單元活動設計的初衷！謝謝你以親身的體驗，支持手冊編寫者的苦心！

江上數青峰
（評鑑與檢討）

❀ 課程目標 ❀

　　完成生涯發展與規畫課程之後，對自己未來的生涯是否有較多的想法。接下來，是我們檢討努力和成果的時間了。以下的幾個問題也許可以幫助你更具體評估目前的生涯發展，並做為課程檢討之用。

1. 生涯自主與責任意識　　　　　　　不足 1 2 3 4 5 6 7 8 9 足夠
2. 系統性的自我探索　　　　　　　　不足 1 2 3 4 5 6 7 8 9 足夠
3. 發展暫定生涯目標　　　　　　　　不足 1 2 3 4 5 6 7 8 9 足夠
4. 以暫定生涯目標為主的生涯探索　　不足 1 2 3 4 5 6 7 8 9 足夠
5. 收集生涯資料的主動性　　　　　　不足 1 2 3 4 5 6 7 8 9 足夠
6. 整合個人特質與教育職業的關聯　　不足 1 2 3 4 5 6 7 8 9 足夠
7. 從環境資源檢視暫定生涯目標的可行性　不足 1 2 3 4 5 6 7 8 9 足夠
8. 生涯決策的知識和能力　　　　　　不足 1 2 3 4 5 6 7 8 9 足夠
9. 形成在學期間的短期（階段）目標　不足 1 2 3 4 5 6 7 8 9 足夠
10. 增進生涯計畫與問題解決能力　　　不足 1 2 3 4 5 6 7 8 9 足夠

❀ 課程參與 ❀

　　此外，就做為大學課程之一，課程參與情形也是評量的重點。請就下列各項進行自評。

1. 課堂出席（不論事病假或曠課）

　　□ 缺席三次　　□ 缺席二次　　□ 缺席一次　　□ 偶有遲到　　□ 全勤

2.課堂討論
  ☐ 熱烈參與　　☐ 參與　　　　☐ 不易進入狀況　　☐ 興趣缺缺

3.課堂作業
  ☐ 按時繳交　☐ 都能補齊　☐ 尚未補齊

4.功課準備
  ☐ 按時準備指定閱讀　　　☐ 空手而來　　　☐ 精神不濟

────❀課程單元檢討❀────

　　接著，對於課程設計及改進部分更需要你的協助，請你惠予提供意見（可複選）。

第一單元　課程介紹（認識方案活動手冊）
  ☐ 不能引我興趣　　☐ 連貫性不足　　☐ 活動說明不清楚
  ☐ 活動單調　　　　☐ 活動繁瑣　　　☐ 活動目標不明
  ☐ 單元設計完整　　☐ 單元活動有趣　☐ 對生涯規畫有助益

第二單元　千江有水千江月（認識生涯發展任務）
  ☐ 不能引我興趣　　☐ 連貫性不足　　☐ 活動說明不清楚
  ☐ 活動單調　　　　☐ 活動繁瑣　　　☐ 活動目標不明
  ☐ 單元設計完整　　☐ 單元活動有趣　☐ 對生涯規畫有助益

第三單元　生涯路上眾生相（認識生涯型態）
  ☐ 不能引我興趣　　☐ 連貫性不足　　☐ 活動說明不清楚
  ☐ 活動單調　　　　☐ 活動繁瑣　　　☐ 活動目標不明
  ☐ 單元設計完整　　☐ 單元活動有趣　☐ 對生涯規畫有助益

第四單元　白雲出處從無例（生涯彩虹）
  ☐ 不能引我興趣　　☐ 連貫性不足　　☐ 活動說明不清楚
  ☐ 活動單調　　　　☐ 活動繁瑣　　　☐ 活動目標不明
  ☐ 單元設計完整　　☐ 單元活動有趣　☐ 對生涯規畫有助益

第五單元　生涯規畫有頭緒（生涯規畫模式）

☐ 不能引我興趣　　☐ 連貫性不足　　☐ 活動說明不清楚

☐ 活動單調　　　　☐ 活動繁瑣　　　☐ 活動目標不明

☐ 單元設計完整　　☐ 單元活動有趣　☐ 對生涯規畫有助益

第六單元　輕沙走馬路無塵（探索個人人格類型）

☐ 不能引我興趣　　☐ 連貫性不足　　☐ 活動說明不清楚

☐ 活動單調　　　　☐ 活動繁瑣　　　☐ 活動目標不明

☐ 單元設計完整　　☐ 單元活動有趣　☐ 對生涯規畫有助益

第七單元　送還不識誰家物（探索個人風格型態）

☐ 不能引我興趣　　☐ 連貫性不足　　☐ 活動說明不清楚

☐ 活動單調　　　　☐ 活動繁瑣　　　☐ 活動目標不明

☐ 單元設計完整　　☐ 單元活動有趣　☐ 對生涯規畫有助益

第八單元　眾裡尋他千百度（探索個人生涯價值）

☐ 不能引我興趣　　☐ 連貫性不足　　☐ 活動說明不清楚

☐ 活動單調　　　　☐ 活動繁瑣　　　☐ 活動目標不明

☐ 單元設計完整　　☐ 單元活動有趣　☐ 對生涯規畫有助益

第九單元　晚簾疏處見分明（整合個人特質的探索）

☐ 不能引我興趣　　☐ 連貫性不足　　☐ 活動說明不清楚

☐ 活動單調　　　　☐ 活動繁瑣　　　☐ 活動目標不明

☐ 單元設計完整　　☐ 單元活動有趣　☐ 對生涯規畫有助益

第十單元　上窮碧落下黃泉（生涯資料探索活動）

☐ 不能引我興趣　　☐ 連貫性不足　　☐ 活動說明不清楚

☐ 活動單調　　　　☐ 活動繁瑣　　　☐ 活動目標不明

☐ 單元設計完整　　☐ 單元活動有趣　☐ 對生涯規畫有助益

第十一單元　問渠那得清如許（個人與環境的關係）

☐ 不能引我興趣　　☐ 連貫性不足　　☐ 活動說明不清楚

☐ 活動單調　　　　☐ 活動繁瑣　　　☐ 活動目標不明

☐ 單元設計完整　　☐ 單元活動有趣　☐ 對生涯規畫有助益

第十二單元　且教梅花自主張（認識生涯決策）

□ 不能引我興趣　　□ 連貫性不足　　□ 活動說明不清楚

□ 活動單調　　　　□ 活動繁瑣　　　□ 活動目標不明

□ 單元設計完整　　□ 單元活動有趣　□ 對生涯規畫有助益

第十三單元　馬有千里之行（重新檢視生涯計畫）

□ 不能引我興趣　　□ 連貫性不足　　□ 活動說明不清楚

□ 活動單調　　　　□ 活動繁瑣　　　□ 活動目標不明

□ 單元設計完整　　□ 單元活動有趣　□ 對生涯規畫有助益

——❀ 單元技術指引與討論 ❀——

一、關於前途，計將安出
——談大專校院學生的生涯發展困局

　　奔走在教室與實驗室的走道之間，也許你曾經駐足。校園舞會曲終人散，信步踱回寢室，也許你曾經緩緩低迴。月明星稀之夕，三兩好友煮酒論劍，也許你曾經快意長嘯；也許你曾經忍不住呼喚「鳥籠外的春天」；也許你曾經追問：「我的人生？」「我的理想？」「我的前途？」

　　《新人生觀》一書的作者羅家倫先生以為「整個人生的目的，就在求自我的實現」；西方人本心理學家 Maslow 進一步說明自我實現的底蘊：「自我實現可以說是一種了解、接受、發展和表現個人潛能的歷程。」也許你我有不同的實現方式，生命卻永遠不能擺脫自我。「自我實現」貫串人生與理想，而其體現則在個人的生涯發展。就「生涯發展」的本質而言，美國生涯輔導專家 Super 認為「生涯發展乃是

終生的成長與學習的歷程」。就生涯發展的脈絡而言，我國輔導學者林幸台博士曾將生涯發展大分為三個階段：一、選擇工作前（職業選擇階段）；二、選擇工作後（職業適應階段）；三、工作結束階段（呈退休或半退休狀態）。事實上，整個生涯發展歷程都是漸進前推，自然不易截然劃分階段。前述階段觀點則有助於我們澄清不同發展歷程的主要任務與必需的準備。

　　大專教育階段雖有濃厚的科系本位學習或專業訓練色彩，然而，在正式進入工作之前，不妨仍然視為職業選擇階段。其主要的準備工作則包括：自我探索、生涯探索、生涯決策和生涯計畫。廣義而言，大專科系教育即屬生涯探索的歷程。換言之，大學生的生涯發展是仍在探索、仍待選擇和仍待規畫的。

　　在大專校園中，「生涯定向」或「生涯規畫」的問題是大學生常見的困擾與壓力。在大專校院的學生輔導工作經驗中，我們經常發現前往學生輔導中心求助的學生，其生涯發展困擾有下述三種典型：

轉折型

　　主觀或客觀確定自己不適合所就讀科系的學習與發展。在主觀上包括可能厭棄就讀科系的課程內容、不願從事就讀科系相關領域的職業；在客觀上可能有學習困擾，或遭遇學業失敗等。

懷疑型

　　懷疑自己是否適合就讀科系領域的學習與發展，徘徊在轉行與否之間。某些懷疑型的大專學生除了本科課程的學習外，也表露出對其他領域的興趣與潛力。「繼續投身就讀科系領域的學習與發展，尋求職業與興趣的結合，或毅然改行，尋求新的發展空間？」是本類型學生不斷繞懷縈思的問題。

未定型

　　安於目前就讀科系的學習和發展，唯對於進一步的發展，缺乏明確的目標。由於缺乏明確目標，而常猶疑在要不要修習輔系、轉系、考不考研究所、要不要出國或要不要選修某類學程、科目等等。某些未定型的大學生則有缺乏選擇意識的現象，或將職業選擇委諸天命機緣，或認定職業選擇與規畫是畢業後的事情。

　　不同的典型，表現不同的生涯發展困擾與需求。轉折型學生往往需要統整轉折點所涵蓋的經歷與體驗，進而重新澄清職業價值觀和自我評估，並進一步探索轉系或重考的可能性與方向。懷疑型的學生往往需要在澄清職業價值觀之後，實地深入探索就讀類科的職業現況和從業人員的生活情形。未定型的學生則需要強化職業選擇意識，增加職業選擇意願，以引導進一步的自我探索和對就學領域的職業探索，形成更明確的職業目標。

二、生涯規畫教學的反思

　　應邀到研習中心為勞工朋友演講生涯規畫和生涯資源的收集與應用。我從社會學觀點來看職業輔導的演變和生涯輔導的成型，在分別職業輔導和生涯輔導的不同之際，也提出生涯規畫的可能和必要。座間，有研習成員問：「生涯規畫和個人命格之間要如何取捨？而命卜者轉神明之言，有時也啓人光明前途，要如何視之？」另外一位年長的勞工輔導人員問：「其多年生活經驗，直道而行、應命而為，何規畫之需？且無規畫者豈不惶惶難以終日？談生涯規畫者無乃圖售其術，危言而聳聽聞？」其他研習成員也似有同感的呼應道：「生涯規畫可無視社會發展需要而任意自為乎，是則人人為己，成其社會乎？」研習成員的諸多意見均極寶貴，而此間的問題正足以反映當前生涯輔導工作推動的困難所在。

　　其實生涯規畫本身即是一套的方法和技術，以有系統的程序，透過預先設計的材料和活動，幫助個人對其生涯之發展作完整的思考，協助個人在生涯決策之際有更明晰的了解和判斷，至於個人在了解之後，真正採取何種做法，仍一聽任之。生涯規畫應是找出可行之道，並分析方案利弊得失，而非一以貫之，一旦確定目標就不可轉寰。在本質上，生涯規畫是科學程序之一，科學非新皇帝也。故生涯規畫是增進個人決策品質的工具，而不替人做決策。

　　過去無生涯規畫，並不是生涯無需規畫，而實在是無生涯規畫之學之術罷了！換句話說，舊時社會，雖無生涯規畫之學之術，人們仍需為其生涯發展作思考，或打算何時結婚、何時生育、應何考試、就何事業，非全無規畫者；但因事不多不煩，未必長考累思，即欲周詳思之，且無術也，隨時日之進，社會進步，價值多元，人際接觸頻繁，生活角色日多，個人生活目標已非單一，周詳規畫已非餘事。提高個人生涯規畫正足以喚醒個人為自我負責，而生涯規畫之術，正可以提升其生涯發展的品質，從而提升其生活品質。

　　至於個人的生涯規畫固不可一廂情願，而需就個人、職業、環境等三者深加探析而決定生涯目標，但生涯規畫的本位的確是個人的。人是為自身而活，而不是為社會而活。在生涯規畫的觀點中，人不是經濟發展巨輪的螺絲釘，而是他自己。幫助個人體察需求，滿足需求，實現自我，就是幫助社會。在生涯規畫的思考中，每個人都能自我滿足的社會，不正是一個理想的社會？人本論者人性向上的信念正是提倡生涯規畫論者的基本信仰，因其人性向上，幫助個人完成自我實現，就是造就可能的人間淨土。由此不難窺知，共產主義或社會主義的國度，不是生涯規畫學術的溫床，更非是烏托邦。

　　論及環境資源的重要，則可看到時下生涯輔導工作者多重「知己知彼（職業資料）」，揆諸實際，生涯發展倚重環境資源者多，事例俯拾可得。談生涯規畫正應培養環境資源掌握與應用能力。環境資源的掌握與自我探索、職業資料的關係可如本手冊第五單元的生涯規畫

衍生模式圖。

──❦ 單元補充資料 ❧──

一、研究所的去來之間

在校園中，「生涯發展與規畫」的問題的確是大學生常見的困擾與壓力來源。唸完大學之後，接下來要何去何從呢？從幼稚園、國小、國中、高中到大學，一個階段接著一個階段、「按部就班」的下來，少有思索、喘息的機會，甚至沒有足夠的時間與刺激去思索自己究竟喜歡什麼？而這些問題似乎都必須在畢業前夕得到一個答案。報考研究所與否更是即將畢業的學子們必須慎重思量的課題。

隨著高等教育機會的急遽擴增，和世界性經濟景氣低迷，海外人才回流等因素的影響，台灣社會也出現研究所畢業之高等人力供需失衡的問題。前行政院青年輔導委員會主任委員尹士豪先生即曾爲文指出：「大專以上畢業青年的就業問題日趨複雜，且較一般青年嚴重，其中⋯⋯文法理農等類科就業困難⋯⋯已逐漸突顯。」大眾傳媒甚至以「博士滿街走，碩士多如狗」聳動文字做爲文章的標題，大加評論。在大學校園內，大三、大四的同學們更惶惑地追問著老師和學長問道：研究所會不會很難念？研究所畢業有什麼出路？讀研究所有什麼用？唸研究所的代價是什麼？而最根柢關切的問題則是：我要不要考研究所？

報考研究所與否的諸多考量中，最重要的當然是自己如何看待研究所教育。我曾經在和研究所新生聊天的場合，詢問在場的新貴：「爲什麼會進研究所？」他們告訴我：「當然是因爲考上了。」但是爲什麼考呢？從家人、女友的期望、怕找不到工作、閒著也是閒著⋯⋯到

考驗自己的實力，進德修業、提升層次……理由不一而足，而每個人的理由也都不是單一的。從這些理由之中，更可以反映出「新新人類」心目中對研究所階段教育的定位。

研究所的新貴們要我以過來人的身份聊聊「唸完研究所的收穫與代價」。我想唸完研究所，除了可以拿到一張薄似影印紙的學位證書之外，或許也可以提升個人的學術能力、擴展人際關係、提高社會地位、較佳的工作能力與層次……，而最重要的則是「可能性」──追求知識的可能性，以及在特定領域持續發展與自我造就的可能性。研究所除了提供「一紙證書」和「可能性」外，幾乎不提供任何保證。因而，這種可能性的追求應該從自己的「價值體系」和「生活型態偏好」一起加以考慮。

就讀研究所的日子裡，除了修課、看書、寫報告、追隨師長參與專案研究、維持並開展人際關係，特別是專業領域中校內校外同行的認識與來往、拓展實務經驗、謀生、作論文……之外，更要「過生活」。其間，有樂趣、成就和滿足，也有忙碌、壓力、甚至挫折。其間的領略不同，則要看個人的興趣和本事。沒有興趣、勉力而為，自是苦不堪言，代價沈重。興趣盎然、遊刃有餘者，自然樂在其中，不輕言代價。考量是否報考研究所之前，不妨從平日的課程學習中，檢視自己對課業學習的興趣和能力，而有時和任課師長談一談，也可以聽到一些中肯的評估和建議。

經濟、環境因素以及生活中重要他人的意見和期許，自然也是考量報考研究所與否必須考慮的要項。在目前的教育制度中，就讀研究所的確需要花費相當數量的費用，包括學費、教育學分費、住宿費、餐飲費、圖書費、材料設備費（電腦是少不了的設備之一）、治裝、交際、交通費……年富力強的甚至還要算上「機會成本費」，的確是一筆大的支出。我就很佩服家父在拮据的家庭經濟中，大力支持我繼續就讀研究所。

在研究所之外，你自然也有不同的「生涯」和「可能性」。甚而，

你也可以選擇在不同的階段，或以不同的方式進入研究所。當然，你更可以選擇出國進修或不具形式的自修，來追尋自己的「可能性」。很多生涯資料說明了這些「可能性」。

　　不論如何你的確需要詳細閱讀資料，以期了解各種選擇的「可能性」，配合自己的價值體系和興趣、能力的評估，詳列不同選擇方案的利弊得失，以便做出合宜的生涯決定。更重要的是，從這些生涯資料以及和老師、學長深入的訪談中，找出實現這些「可能性」的方法。

二、君子不器與生涯規畫

　　一位朋友曾經告訴我一個故事。在家裡，他常常聽到太太要求正就讀幼稚園的女兒，「電視不要看太久」。當然，這樣的禁令並沒有甚麼效果。要求的照要求，看電視的也還是在看電視。於是，朋友和太太商量給女兒其他的學習活動或材料，讓她沒有太多時間看電視，甚至不想看電視，而不是被迫不能看電視。後來，他們決定買一個電視遊樂器給她。

　　朋友到店裡詢問，一部電視遊樂器要價大約在三、四千元之譜；個人電腦也有遊樂器的功能，但是要價則在三萬元左右。「為什麼遊樂器只要幾千元，而電腦卻要這麼貴？」我的朋友問，老闆回答說：「電腦不只可以打電玩或做文書處理，它貴就貴在它功能擴充的可能性，你只要給它不同的軟體，它就可以有不同的用途。這就是為什麼電腦比電視遊樂器或文書處理器貴的原因」。

　　老闆的話的確很有道理。也讓我聯想到時下大家都很重視的「生涯規畫」。所謂的生涯規畫應該不是讓我們成為一個電視遊樂器或文書處理器。生涯規畫不應該侷限在以找到工作的角度來思考自己的未來。真正的生涯規畫應該是讓自己更了解自己，充實自己，減少不必要的限制和障礙，讓自己的未來可以擁有更多選擇的自由，並且為自己負起選擇的責任。

　　老闆的話也讓我們聯想到論語所錄孔子的話「君子不器」。生涯規畫也應該有這樣的氣度。最後，本手冊就以這句話「君子不器」和讀者共勉。

國家圖書館出版品預行編目資料

大學生生涯發展與規畫手冊／林清文著.--初版.
--臺北市：心理, 2000（民 89）
面；　公分.--（輔導諮商系列；21035）

ISBN 978-957-702-389-6（平裝）

1.高等教育—學生　　2.生涯規畫—課程

525.78　　　　　　　　　　　89011302

輔導諮商系列 21035

大學生生涯發展與規畫手冊

作　　者：林清文
總 編 輯：林敬堯
發 行 人：洪有義
出 版 者：心理出版社股份有限公司
地　　址：台北市大安區和平東路一段 180 號 7 樓
電　　話：(02) 23671490
傳　　真：(02) 23671457
郵撥帳號：19293172　心理出版社股份有限公司
網　　址：http://www.psy.com.tw
電子信箱：psychoco@ms15.hinet.net
駐美代表：Lisa Wu　　（Tel: 973 546-5845）
排 版 者：辰皓國際出版製版有限公司
印 刷 者：玖進印刷有限公司
初版一刷：2000 年 8 月
初版五刷：2011 年 1 月
I S B N：978-957-702-389-6
定　　價：新台幣 250 元